ヴォイニッチ写本

世界一有名な未解読文献に
データサイエンスが挑む

安形麻理・安形輝

星海社

323

SEIKAISHA SHINSHO

はじめに

「写本」と聞くと、どんなシーンが思い浮かぶだろうか。魔法使いが廃《すた》れた修道院で魔導書を見つけて喜びの声をあげる、イギリス国王の戴冠《たいかん》式でうやうやしく運ばれる、博物館の展示ケース越しに教科書に載っている有名な古い作品を見学する、白い手袋をはめた研究者がボロボロの本を修復している、といったものを連想した方も多いだろう。いずれも現実的にありうる場面だ。もっとも、手袋を使うと繊維《せんい》が本に付いてしまったり、ページをめくりにくくなってかえって本によくない場合もあるので、今では手を石鹸《せっけん》でよく洗って雑菌を落としたうえで手袋なしに扱うことを定めている図書館が多い。

写本を英語ではマニュスクリプト（manuscript）と呼ぶ。これは「手で書いたもの」という意味なので、羊皮紙だろうが紙だろうが、手書きされていれば何でも写本と読んでもかまわない。ただ、一般的には写本といえば、ある程度昔に書かれた本を指す。本書がとりあげているのは500年以上前、15世紀から16世紀に書かれたと考えられているヴォイニッチ写本である。発見から100年以上、多くの試みにもかかわらず誰も解読できず、そもそも意味のないデタラメが書き散らしてあるだけだという説さえある、うさんくさくも魅力的な写本だ。

タイトルのもう一つのキーワードであるデータサイエンスのイメージはというと、大型モニターにプログラムのコードが示されている、若い研究者がビッグデータを処理した複雑なチャートの前に立ち説明している、あるいは具体的なイメージはわかないがとにかく新しそう、といった感じだろうか。実際、全国の大学ではデータサイエンス学部や学科の新設が相次いでいる。

そうなると、古そうな写本と最先端のデータサイエンスという言葉が違和感なくすぐに結び付いたという読者はなかなかいないだろう。もしいらしたら、本書は斜め読みで、知らないところだけを読んでいただいてもかまわない。なお、本書は書誌学とデータサイエンスをそれぞれ専門とする2人が協力し、分担執筆という形ではなく、議論を重ねながら一緒に執筆した。

第1章では、ヴォイニッチ写本とはそもそもどのような写本なのか、何がそれほど謎めいているのかを、発見の経緯も含めて説明した。

第2章では、これまで行われてきたさまざまな研究について、取り組みのアプローチ別に簡単にまとめた。古い本を対象にした研究としては堅実かつ伝統的な方法から、コンピュータを活用した現代的な分析まで、幅広い試みがなされてきたことがわかるだろう。それにもかかわらず、いまだに解読はできていないという現状を確認したい。

第3章では、少し視点を変えて、データサイエンスが古い本の研究にどのような助けとなりうるのかを述べた。紙と鉛筆の時代からデータを使った分析は行われてきたが、コンピュータの性能が飛躍的に向上し、古い本を画像やテキスト形式のデータとしてインターネット上で公開することが広まってきた現在、大きな可能性が開けてくる。

第4章では、実際に筆者2人が行った、ヴォイニッチ写本にデータサイエンスの手法を適用した研究を解説した。中身が意味のないデタラメだとする先行研究の説も有力視されているが、文字データのクラスタリングの結果から判断すると、現在まで読めていないだけで、理論的には解読可能であることを示す。最後に解読結果を示したいところではあるが、現時点ではそれはかなわないことはあらかじめお詫《わ》びしておきたい。

第5章では、誰も解読できない写本を研究することの意義はどこにあるのか、一歩引いたところから考えてみた。ヴォイニッチ写本で成果をあげてきた中には職業的な研究者ばかりではなく、在野の研究者も目立つことから、より広く、一般の市民による科学研究（シチズンサイエンス）の動向を簡単にまとめた。最後は、研究以外のどんな場にヴォイニッチ写本が顔を出しているのか、いくつか紹介した。遊びのようでもあるが、小説、音楽、ゲームなどいろいろなジャンルに登場していることは、ヴォイニッチ写本がいかに人々の関心を惹きつけているかを教えてくれる。こうした好奇心が解読につながるように、最後にヴォイニッチ写本の謎に立ち向かううえで有用な情報源を紹介した。

最後を締めくくるのは、荒俣宏氏との鼎談《ていだん》である。荒俣氏のファンだからということで本書を手に取ってくださった方も多いだろう。１９７０年代からこの奇妙な写本に注目されていらしたという博学な大先輩と語り合うのは、実に得難い経験だった。紙幅の都合でエッセンスにまとまっているが、読者の皆様にその面白さを少しでもお伝えできれば幸いである。鼎談を通して研究への新たな刺激も受け、本書には間に合わないが、いずれ新たな研究成果を報告できればと思っている。

本書の執筆について編集者の片倉直弥氏から提案されたのは、なんとコロナ前のことになる。何年もかかってしまったが、その間にヴォイニッチ写本をテーマにした国際学会が開催され、第2章で紹介できたのは、怪我の功名といえるだろう。雑事に取り紛れがちな筆者らに声をかけ続け、荒俣氏との鼎談も実現してくださった片倉氏に感謝したい。そしてもちろん、読者の皆様に感謝を捧げるとともに、ヴォイニッチ写本の解読につながりそうなアイディアを思いついたら、ぜひ研究に取り組むようにお願いしたい。本書が未解読写本の研究の魅力について、データサイエンスを人文学に援用することの可能性について、読者の皆様に伝えることができれば望外の喜びである。

目次

第2章 これまでのヴォイニッチ写本研究 45

第4章　クラスタリングによる分析：解読の可能性そのものを判定する　99

第6章 ヴォイニッチ写本の可能性とこれからの研究

特別鼎談 荒俣宏×安形麻理×安形輝

1　ヴォイニッチ写本とは

ヴォイニッチ写本（The Voynich Manuscript）と聞いて、ピンとくる読者は多くはないだろう。ご存じだという方は、オカルト系のウェブサイトやテレビ番組経由だろうか（筆者らはこのパターンである）。児童書やライトノベルに「禁断の書」アイテムとして登場した気がするという方も、曲のタイトルとして聞き覚えがある方もいるだろう。世界の奇書を紹介する本や、クラスタリングを援用した研究についての著者らのインタビュー、あるいは言語学や暗号解読に関する論文をご覧になった方もあるかもしれない。実にオカルトから言語学まで、サブカルチャーから学術研究まで、幅広い分野で取り上げられている写本で、現在はアメリカの名門イエール大学バイネッケ図書館に所蔵されている（請求記号Beinecke MS 408）。写本部門長レイモンド・クレメンス博士によると、貴重な資料を数多く所蔵し世界中の研究者が日参するこの図書館において、最も閲覧《えつらん》希望数が多いのがヴォイニッチ写本だという。では、この写本の何がそれほど特別なのだろうか。

ヴォイニッチ写本はタイトルも著者も不明で、使われている文字は発見から100年以上経った今も解読されていないことから、「世界で最も謎に満ちた写本」と呼ばれている。

一部を「解読」できたとする報告は珍しくないが、首尾一貫した解読結果を示すことができたものはない。これまでの主要な解読の試みは第2章で紹介する。新たな解読の成功が発表されるのは、学術雑誌から新聞、YouTubeとさまざまだ。試しにウェブ検索エンジンに「ヴォイニッチ写本 解読」と入れて検索すると、そうした世界中の報告が日本にもすぐに紹介されていることがわかるだろう。

写本というとオリジナルを写したコピーのように聞こえるかもしれないが、印刷本（刊本）ではなく、手で書いた（書写した）本という意味である。制作技法を示す言葉であり、オリジナルでもコピーでも、手書きならば写本と呼ぶ。ヴォイニッチ写本は、もともと1冊だけ作られたオリジナルだと考えられている。写本と似た言葉に、著者本人が手で書いた原稿（つまり写本）を意味する手稿《しゅこう》という言葉があり、ヴォイニッチ手稿と呼ぶこともある。ただし、著者本人が書いたかどうかは不明であるので、本書では「ヴォイニッチ写本」と呼ぶ。

外観

一見ごく普通の中世写本で、サイズは縦235㎜、横162㎜と、それほど大きくはない。写本の巻末には、コロフォンといって、いつ、どこで、誰がその写本を書写したのかを筆写した人（写字生）が書くことがあるが、残念ながら本写本にはそうした情報もない。あるのかもしれないが、読めない。所蔵館の目録では、15世紀末から16世紀の中央ヨーロッパで作られたと推定されている。ただし、古書にはよくあるように後世に再製本されており、元の表紙は残っていない。

仔牛《こうし》の皮、いわゆる羊皮紙《ようひし》に書かれており、現在102葉ある。「葉」は「よう」と読み、枚と同じ意味であるが、ページ数が付いていない古い本の場合には一般的に「葉」を使う。英語ではフォリオ（folio）という。折りたたまれたページもあるため、204ページより多く、234ページとなる。仔牛皮なのに「羊」皮紙と呼ぶのは不思議かもしれない。正確にいえば獣皮紙《じゅうひし》（英語ではanimal skin）となるが、現在の日本では動物の種類にかかわらず羊皮紙と呼ぶのが一般的であり、本書もそれにならっている。

各表ページの右上隅に116まで葉数を示す番号（フォリオ番号）がアラビア数字で付けられているが、102葉しかないことからすると、14葉が失われているらしい。古い本では、綴《と》じがゆるくなったりして一部が抜け落ちてしまうことは珍しくない。このフォリオ番号だけははっきりと読むことができるのだが、残念ながら本文とは別の16世紀頃の筆跡であって、本文解読の助けにはならない。写本学者A・G・ワトソンとR・J・ロバーツは、イギリスの女王お抱えの数学者・錬金術《れんきんじゅつ》師であった16世紀のジョン・ディーが一時この写本を所有しており、その際にフォリオ番号を付けたと考えた。元々ページ付けがないのも、タイトルページがないのも、当時の写本としては不思議ではない。どちらもヨーロッパでは印刷術の誕生をきっかけにして広まっていった習慣である。

文字と挿絵

所蔵館であるイエール大学バイネッケ図書館のウェブサイトからは全ページのカラー画像が公開されているので、ぜひご覧いただきたい。[*1]

本文は読めないものの、大部分のページには植物や薬草、水浴びをしている小さな裸の女性、十二《じゅうに》宮《きゅう》図、薬草の調合用壺のように見える挿絵があることから、錬金術あるいは医学に関する内容だと推測されている（**図1、次ページ**）。緑、茶、黄、青、赤のインクを使った素朴な挿絵からは、実用的な写本だという印象を受ける。挿絵と文字が一体化した

*1 Cipher Manuscript. Yale University Library, Digital Collections. (https://collections.library.yale.edu/catalog/2002046)

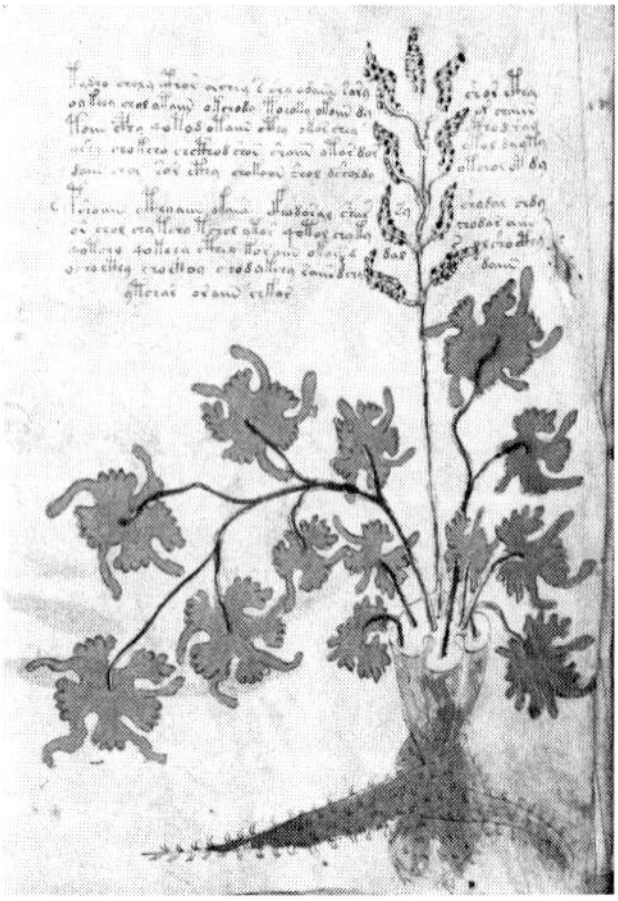

1a 「植物」セクション（第9葉表）

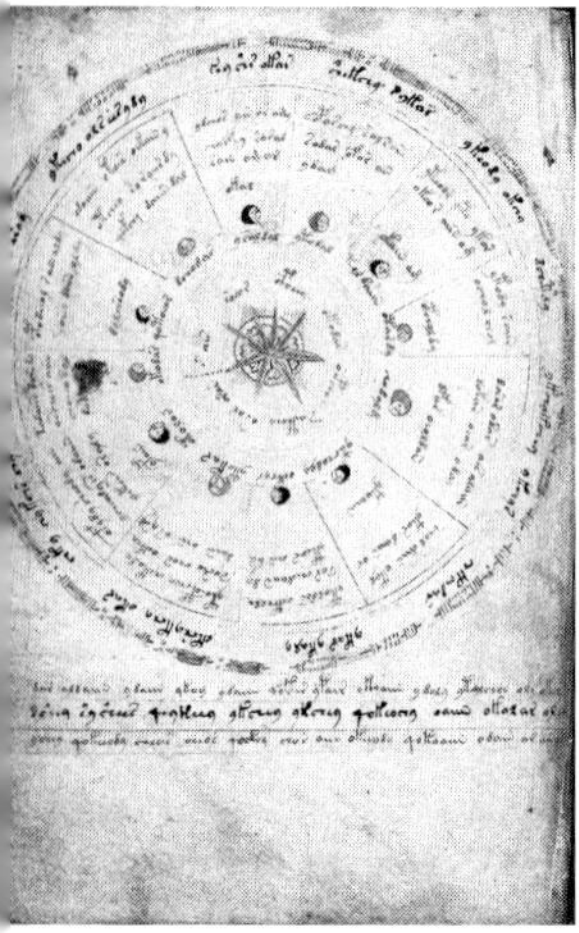

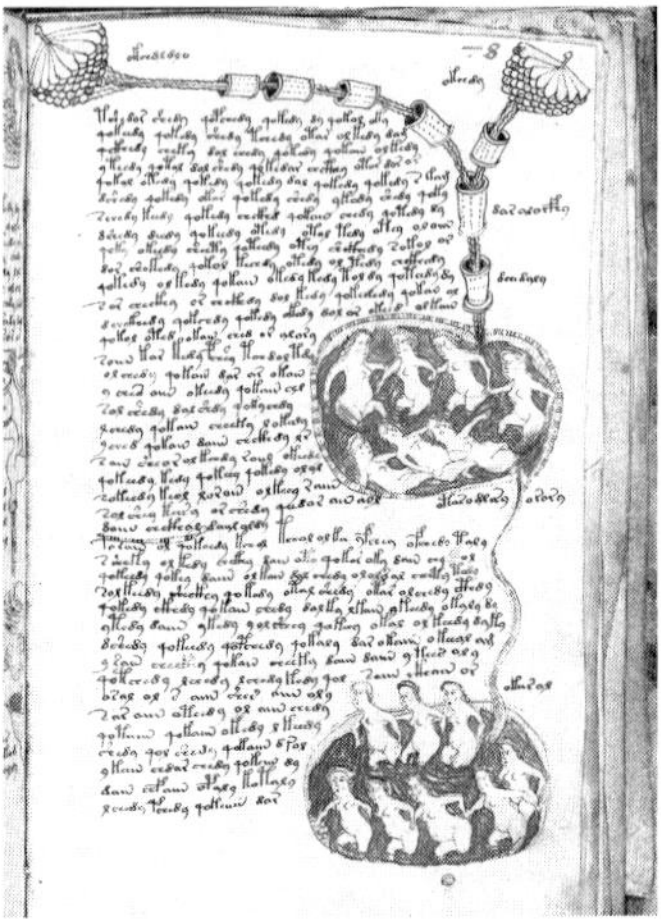

1c 「生物」セクション（第78葉表）

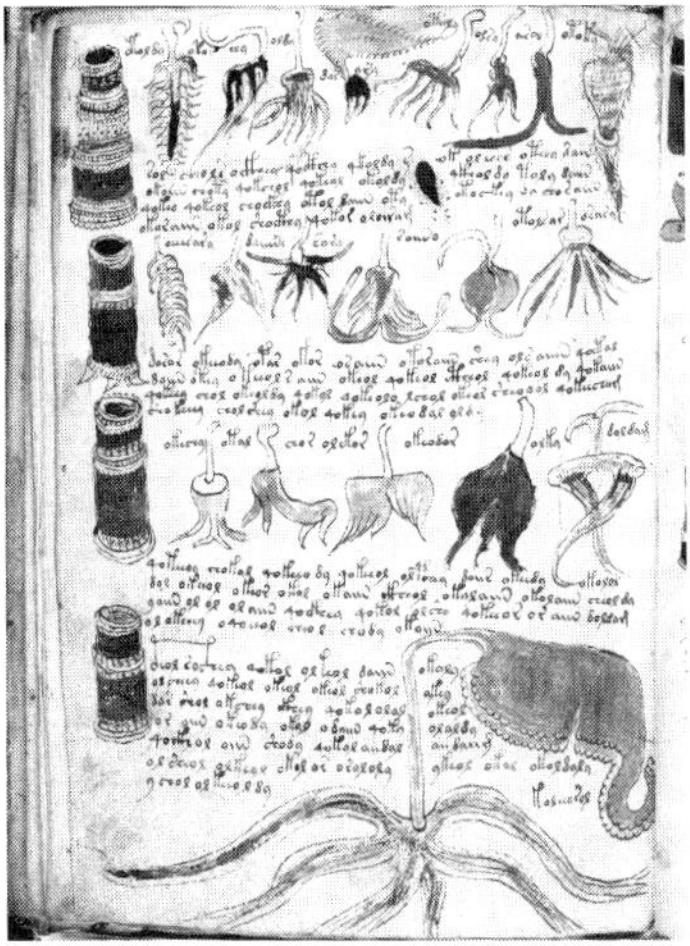

1e 「薬草」セクション（第99葉裏）

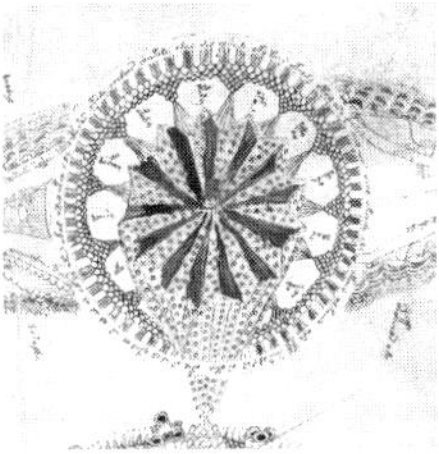

1d 「十二宮図」セクション
（第86葉裏、部分）

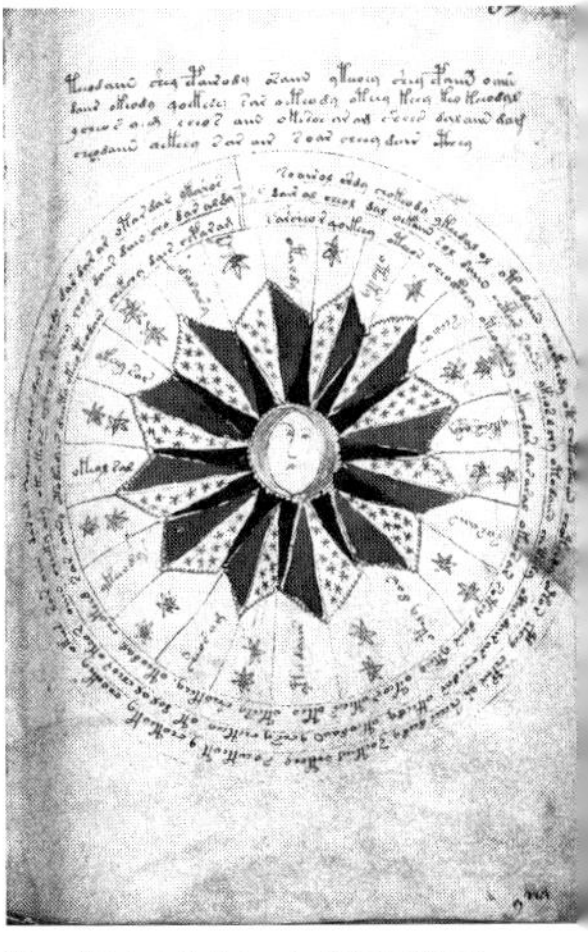

1b 「天文」セクション（第67葉表）

1f 「レシピ」セクション（第111葉表）

図1　ヴォイニッチ写本の挿絵

出典：Cipher Manuscript. Yale University Library, Digital Collections.
https://collections.library.yale.edu/catalog/2002046

レイアウトで、挿絵をよけて文字が書かれたりしているため、挿絵が後世に付け加えられたわけではないと考えられている。

拡大図（**図2**）からは、アルファベットや数字に似た独特の文字がよくわかるだろう。これをヴォイニッチ文字と呼ぶ。見たところ一般的なヨーロッパ言語のように単語から構成され、ページの右や下に余白があることからすると、左から右に書かれているらしい。句読点はなく、文字列の繰り返しが非常に多い。プレスコット・カリアは、植物の絵があるセクションでは2種類、写本全体では12種類の異なる筆跡が確認できるとし、複数の写字生によって書かれた可能性を指摘した。

ヴォイニッチ文字で書かれた他の資料は発見されていないので、これが世界で唯一の資料だということになる。不思議な文字ではあるものの、眺《なが》めていると、なんとか解読できそうな気がしてこないだろうか。これまでさまざまな言語との関係が指摘され、研究されているものの、明確な対応付けはことごとく失敗している。ただし、未知の人工言語や暗号であるならば、それも不思議とはいえない。

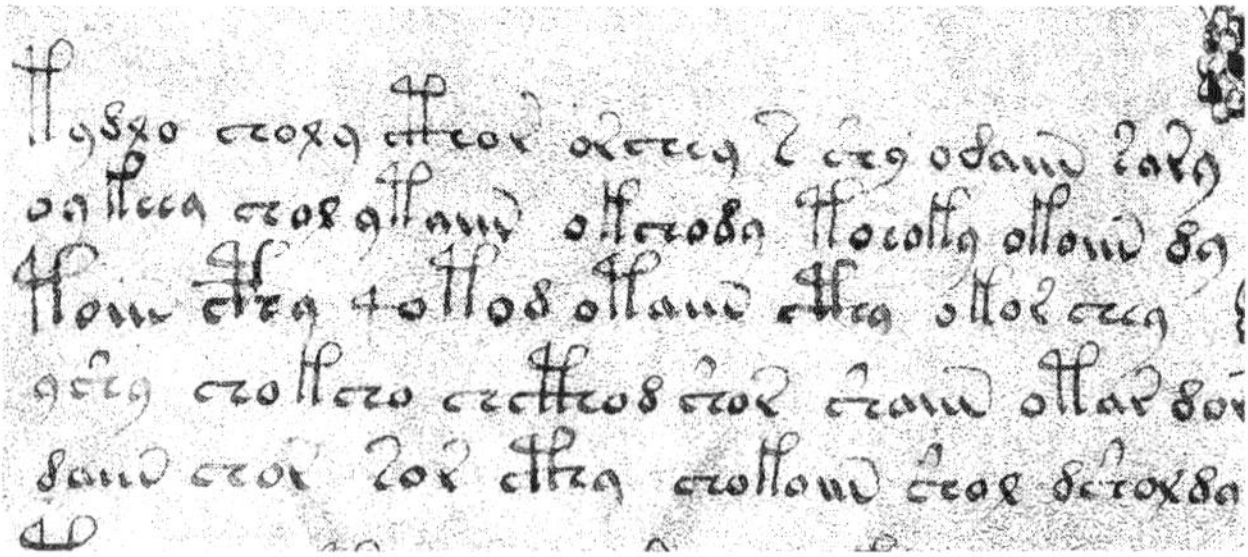

図2　ヴォイニッチ文字

2　ヴォイニッチ写本の魅力

解読へのチャレンジ精神

読めそうでいて読めないところが、ヴォイニッチ写本の最大の魅力だろう。この文字で書かれた唯一の資料であることは解読を困難にするが、これだけ挿絵があれば対応する文字を見つけられるのではないか、そこそこ文字数があるのだから何らかの規則性を見出すことができるのではないか、という気がしてくる。多数の挿絵は手がかりとなりそうだが、これまで実際の植物などとの同定は成功していない。ヒマワリ（**図3**）や唐辛子《とうがらし》など、アメリカ大陸原産の植物が描かれているという説もあるが、一般的な合意は必ずしも得られていない。

研究の素材が豊富な点もチャレンジ意欲をそそる。所蔵館からは、全ページのデジタル画像に加え、後述の羊皮紙やインクの成分分析や炭素年代測定といった科学的調査の

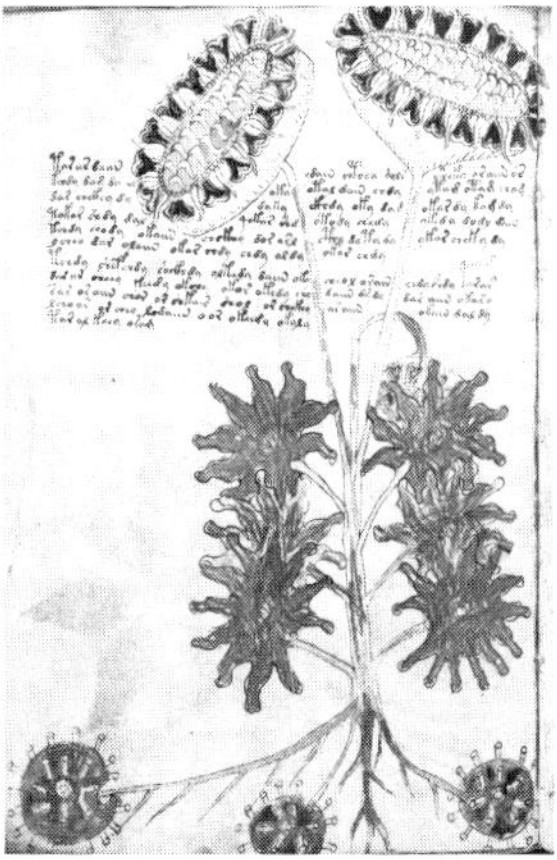

図3　ヒマワリらしき絵（第33葉裏）

結果が公開されており、誰でも自由にダウンロードして検討できる。さらに、画像だけでなく、折りたたまれたページも再現してある実物大の写真集（ファクシミリ版）が紙媒体で出版されており、そこには最新の研究動向や成分分析の結果を伝える論考も収められている。[*2] さらに、羊皮紙に元々空いている穴や装丁までも忠実に再現した写真複製本（高精細ファクシミリ版）も出版されたが、こちらは高価でなかなか入手できるものではない。[*3] 国内では慶應義塾大学図書館に所蔵がある。

また、有志によって、ヴォイニッチ文字を一定の規則に基づきアルファベットに置き換えた全文の翻字《ほんじ》（翻刻《ほんこく》）テキストデータが作成され、ウェブ上で公開されている。こうすると、読めないままでもテキストデータとして扱うことができるので、コンピュータを使った分析が可能になる。

発見以来、数々の解読の試みがなされ、うまくいかないことが確認されたものも多いの

＊2　Clemens, Raymond, ed. The Voynich manuscript. New Haven, Beinecke Rare Book & Manuscript Library in association with Yale University Press, 2016, ISBN 9780300217230. 初の公式ファクシミリ版。比較的入手しやすい値段であり、国内でも複数の大学図書館などが所蔵している。他の出版者からもファクシミリ版と銘打ったものが出ているが、サイズが縮小されていたり粗雑なものもあるので注意すること。

＊3　Voynich Manuscript. Facsimile. Burgos, Spain, Siloé, arte y bibliofilia, 2017.

で、同じ轍《てつ》を踏むことは避けたい。幸い、2004年までの研究状況はヴォイニッチの子孫が著した『ヴォイニッチ写本の謎』にわかりやすくまとめられており、すでに何が検討され、どこまでわかっているのか、どのような説は退けられたのかという研究の現状を把《は》握《あく》できる。[*4] 本書の記述もこうした先行研究に大いに拠《よ》っている。

真贋論争：中世の写本か20世紀の捏造か

ヴォイニッチ写本は解読を拒《こば》み続ける奇妙な本であり、発見の経緯の説明があやふやであったことから、発見当初から発見者ヴォイニッチが贋作《がんさく》を作った、あるいは贋作に騙《だま》されたのだという説がささやかれていた。実際、ヴォイニッチは稀覯書《きこうしょ》取引を始めた頃には「スペインの贋作者（Spanish forger)」と呼ばれる有名な写本贋作者に騙された前科があるが、それは大英博物館の専門家たちの目も騙されるほどの出来栄《できば》えの偽物であったので、無理もないかもしれない。真贋論争があるということも、かえって魅力の一つといえるだろう。偽物や贋作は奇妙に人を惹《ひ》きつける。

偽物の研究に意味があるのかと不思議に思われるかもしれないが、贋作作成のためには

*4 ゲリー・ケネディ、ロブ・チャーチル『ヴォイニッチ写本の謎』松田和也訳、青土社、2006。ISBN 4791762487。

周到な準備がなされるし、他方では、それを暴くための綿密な調査が新たな方法論や分析手法につながることもある。フェイクというと現代の専売特許と思う向きもあるかもしれないが、偽書の歴史は古い。権力の正当化、政治的意図、金銭欲、名誉欲、現存資料の穴を埋めたいという歪《ゆが》んだ研究者魂、行き過ぎたファン心など、さまざまな動機から偽書が作成されてきた。古文書学の先駆者といわれるフランスのジャン・マビヨンが1681年に『古文書学』を出版し、文書が書かれた支持体の材質、書体、記述様式、暦《こよみ》などの要素を綿密に調査する方法論を示したのも、古文書の真贋鑑定を行うためであった。[*5]

真贋論争には、往々にして物理的な証拠と化学的な分析が有力な判断材料を提供してくれる。第2章で詳述するように、2011年には写本が書かれている羊皮紙の放射性炭素年代測定が行われ、15世紀前半の仔牛から作られたものだという結果が得られた。放射性炭素年代測定法は考古学や地質学の分野で開発されてきた手法だが、極微量の試料による年代測定が可能になったこと、測定精度が高くなったことから、写本や古文書に対しても適用されるようになってきた。また、文字や挿絵に使われているインクの成分分析も行わ

＊5　抄訳あり。ジャン・マビヨン『ヨーロッパ中世古文書学』宮松浩憲訳、九州大学出版会、2000。

れた。その結果は、本文や挿絵のインク成分は中世のものだと考えて矛盾がないことを示すものだった。つまり、ヴォイニッチ写本は、15世紀の仔牛皮に、中世のインクによる文字と挿絵を持つことになる。

羊皮紙やインクの成分分析によると、15世紀か16世紀に制作された写本だということは確実だといってよい。それでは、現代の研究手法をもってしても解読できないようなものを中世に作り出すことができたのだろうか。続く第2章で見ていきたい。

ヴォイニッチ写本研究の楽しみ

ヴォイニッチ写本は、アマチュア、職業的研究者を問わず、オカルト愛好家から写本学者、言語学者、暗号解読専門家、情報学の研究者に至るまで幅広い関心を引き付けてきた。1976年にはアメリカ国家安全保障局がこの写本解読のための国際会議を開催したと聞けば、驚くのではないだろうか。暗号は軍事と密接な関係を持っているからであるが、そこでも解読には至らなかった。次章で詳しく見るように、さまざまな分野の専門家による解読の試みがことごとく失敗していることから、単なるデタラメな文字が羅列《られつ》されており、そもそも解読することができないのだと考える研究者もいるほどである。もっとも、著者らは、内容に意味があることを示す分析結果を得ているので、第4章で検討していただきたい。

21世紀になっても新たな関連資料が発見され、新しい説が提案され続けている点も魅力的であり、同時に多くの人が惹きつけられていることを示している。デジタル化が進展し、これまで限られた人しかアクセスできなかった資料が入手可能になってきたこと、新しい分析方法が登場してきたことで、ヴォイニッチ写本研究に弾《はず》みが付いてきた。現在も英語による活発なメーリングリストやウェブ上のフォーラムがあり、日々解読をめぐるアイディアや意見の交換が行われている。

そこで、本書では、データサイエンスという角度からヴォイニッチ写本に向き合いたい。本書を手に取られた方の中には、ヴォイニッチ写本に関心がある方も、写本とデータサイエンスという言葉の組み合わせを意外に感じて、という方もあるだろう。古い書物とデータサイエンスの幸せな結びつきについてもお伝えできれば幸いである。

3 ヴォイニッチ写本発見の経緯

発見者ヴォイニッチ

話を進める前に、この写本が発見された経緯を見ておこう。ヴォイニッチというのは、1912年に本写本を発見し世に紹介した、ウィルフリド・マイケル・ヴォイニッチ（Wilfred Michael Voynich, 1865-1930）の名からきている。

ヴォイニッチは1865年に現在のリトアニア（当時はロシア帝国領）で生まれ、波乱万丈の人生を送った（**図4**は1920年頃の肖像写真）。元の名はポーランド系のミハウ・ハプダンク・ヴォイニチだったが、後に英語風に改めた。ワルシャワ大学で法律と化学を修めたのち、ポーランド民族主義運動に関わったことで1885年にワルシャワで投獄された。1890年にはシベリア流刑からイギリスのロンドンに逃れ、後に結婚することになるエセル・リリアン・ブール（1864－1960）

図4　ヴォイニッチの肖像写真

出典：Wilfred M. Voynich and Ethel Voynich Provenance and Research Files on the Cipher (Voynich) manuscript. General Collection, Beinecke Rare Book and Manuscript Library, Yale University.

と出会った。エセルは小説家で、革命闘争を描いた彼女の小説『あぶ』は日本語にも翻訳されている。[*6] その解説によると、1887年にエセルがワルシャワに滞在していた際に、ヴォイニッチは監禁されていたワルシャワ城の監獄の窓から彼女の姿を目にしていたという。エセルが現在のコンピュータに不可欠なブール演算などで知られる数学者・記号論理学者ジョージ・ブールの末娘であるのも、この写本の解読の歴史を考えると不思議な偶然に感じられる。

ロンドンで出会った2人はしばらく「ロシアの自由友の会」のメンバーとして革命関係の本の出版流通に関わるが、1895年には革命活動から退き、写本や古い印刷本などの古書（ただの中古本ではなく珍しく高価な稀覯書）を扱う書店を設立した。ヴォイニッチは稀覯書を見つけ出す才能に恵まれていたらしく、優れた語学力も武器に、すぐに頭角を現した。顧客には大英博物館の図書部門（現在の英国図書館）も含まれていた。英国図書館には、彼が1898年から1914年にかけて出した販売目録が所蔵されている。[*7] 第一次世界大戦が始まると、活動の場をアメリカに移していった。

＊6　エセル・ヴォイニッチ『あぶ』講談社、1981。
＊7　請求記号　British Library, General Reference Collection S.C.1097.; General Reference Collection OPK.9.x.841.

発見から現在まで

ヴォイニッチは1912年の買い付けの際、あるコレクション中にこの写本を発見したという。ただし、彼自身はこの写本の発見場所について「南ヨーロッパの古城」といった曖昧《あいまい》な説明しかしなかった。解読不能の謎の写本として耳目《じもく》を集めることには成功したものの、16万ドルという高価な提示価格のせいもあったのか、買い手を見つけることはできないまま、1930年に世を去った。1960年に死去した妻エセルが遺した手紙により、ようやくイタリアにあるイエズス会の僧院ヴィラ・モンドラゴーネで入手したという経緯が明かされたが、その際の領収書などは残されていない。

1961年にニューヨークの大物古書業者ハンス・P・クラウスがこの写本を2万4500ドルで購入したが、やはり買い手を見つけられないまま、1969年にイエール大学に寄贈した。ちなみに、クラウスは1965年にヴィンランド地図も同大学に寄贈しているが、こちらはヴァイキングのアメリカ大陸到達を示す11世紀の地図が15世紀半ばに写されたものなのか、現代の偽書なのかという長年にわたる真贋論争の結果、現在では20世紀の偽書として決着が付いたという、いわくつきの地図である（請求記号MS350A）。

発見されるまでの所在

それでは、ヴォイニッチによって発見されるまで、この写本はどこにあったのだろうか。古書ではそれを美術品と同じく来歴《らいれき》として重視する。最初の所有者（本写本の場合はおそらく著者）が誰だったのかはわかっていないが、いくつかの手がかりは残されている。

まず、ヴォイニッチは、第1葉表の下余白に薬品処理を施すことで、何も書かれていないように見える部分に、「Jacobi de Tepenecz（ヤコブズ・デ・テペネチ）」という署名を発見した。署名は紫外線を当てることでも見える。この人物は、ボヘミアの薬草専門家ヤコブズ・ホルチツキ・デ・テペネチ（Jacobus Horčicky de Tepenecz, c. 1575－1622）を指していると考えられている。彼はルドルフ2世から1608年にデ・テペネチという称号を許されたため、それ以降、没年である1622年までのどこかでこの写本を所有した証拠だといえる。もっとも、署名も偽造だと疑うこともできるだろう。

次の手がかりは、17世紀に活躍したイエズス会の碩学《せきがく》アタナシウス・キルヒャー（1602－1680）が解読を依頼された、奇妙な写本をめぐる5通の手紙である。キルヒャーは当代きっての博識な学者であり、ヒエログリフの解読への取り組みでも知られていたので、謎の写本の解読を依頼されたのだろう。関連する手紙が別々の情報源から発見されていることから、手紙が贋作だとは考え難《がた》く、信頼できる。一連の手紙で話題となっている写本こそ、ヴォイニッチ写本だと考えられている。

5通を時系列に並べると以下のようになる。なお、③は写本と一緒に発見されたが、他の手紙は20世紀後半に別々に発見された。

①1639年3月にキルヒャーがイエズス会士テオドール・モレトゥスに出した返信で、モレトゥスの日記に保存されていた。モレトゥスは、1637年にプラハのゲオルグ・バレシュ（ラテン語名はバルスキウス）という人物がキルヒャーに書簡と解読不能の写本の写しを送った際、自分の手紙を添えたようだが、往信は現存していない。内容は、不思議な文字は見たが解読はできなかったというものである。

②キルヒャーに宛《あ》てて、バレシュが自分の所有になる写本の解読の進捗《しんちょく》状況を問い合わせた1639年4月の手紙。ヴォイニッチ写本の研究者ルネ・ザンドベルゲンが発見した。当該写本には薬草や星、化学などの図解が含まれていると説明されている。

③プラハの薬草学者マルクス・マルチがキルヒャーに宛てた1665年の書簡。ヴォ

イニッチがヴォイニッチ写本の表紙に貼り付けられているのを1912年に発見したという。内容は、自分には読むことができない写本を送る、当該写本は13世紀イギリスのフランチェスコ会修道士ロジャー・ベーコンの著作だという説がある、17世紀のボヘミア王ルドルフ2世が600ダカットで購入したものだ、写本のかつての所有者がキルヒャーに写しを送って解読を依頼した、というものである。ここでいうかつての所有者とは、①②のバレシュのことだろう。ルドルフ2世は錬金術に傾倒していたことで知られる。ヴォイニッチは、この手紙を根拠として、ベーコンが暗号で書いたヴォイニッチ写本を16世紀の数学者・錬金術師であるジョン・ディーが入手し、ルドルフ2世の宮廷を訪れた際に売ったのだと主張した。

この手紙の存在も影響して、ディーがヴォイニッチ写本を所有していたという見方が強い。ディーの弟子エドワード・ケリーは、未解読の人工言語エノク語を作り出しているので、一定の説得力がある。エノク語の写本も英国図書館に残っている。ただし、ヴォイニッチには知り得なかったことではあるが、羊皮紙の年代測定結果は15世紀以降の制作であることを示しているので、ベーコンの自筆写本だという可能性は否定された。

④マルチの友人ゴッドフリッド・アロエス・キナーが、プラハからキルヒャーに出した1666年1月の書簡。マルチが解読を待ち望んでいるという内容である。
⑤同じくキナーがキルヒャーに出した1667年1月の書簡。

近年、キルヒャーの蔵書のリストに無題かつ内容説明がない写本が1冊含まれていることが明らかになった。これがヴォイニッチ写本だとするならば、後年ヴィラ・モンドラゴーネに移されたキルヒャーの蔵書に含まれており、そこでヴォイニッチによって発見されたと考えられ、17世紀のプラハ以降の来歴をたどる細い線がつながったことになる。歴代の所有者についての証拠と解釈については第2章で詳しく述べる。

4　中世ヨーロッパにおける写本の作り方

さて、さきほど「普通の中世写本」と書いたが、中世のヨーロッパでどのように本が作られていたか、ここで確認しておこう。よく知っているという方は飛ばして次に進んでいただいて差し支えない。

ヨーロッパでは、4世紀頃から羊皮紙に書かれた冊子体、つまりページをめくっていく現在の本の形が主流となった。古い主要な書写材料として有名なパピルスはヨーロッパでは育たず、ヨーロッパに製紙法が伝わるのは12世紀後半なので、肉を食べた後の羊や牛の皮を利用するという選択には納得がいく。なお、ヨーロッパでヨハン・グーテンベルクが活版印刷術を発明した15世紀頃になると、質の良い紙を作ることができるようになっていた。ぼろ布を原料とする紙は動物の皮よりも製造コストが安く大量生産に向いていたため、おおまかには印刷本は紙、写本は羊皮紙であることが多い（羊皮紙に印刷した豪華版、紙の質素な写本もある）。

羊皮紙は丈夫で折り曲げにも強いため、背を綴じた冊子体として両面2ページを使うのに向いている。もちろん、羊皮紙の巻物もあるし、巻物という形態はヨーロッパでも細々と残るが、一般的な本の形としては冊子体となる。前述のように羊皮紙といっても実際には羊と牛がよく使われたので、獣皮紙という方が正確ではある。羊皮紙にもランクがあり、仔牛の皮は上質で、高価な写本には穴や傷のないものが選ばれた。最近は皮のタンパク質を分析し、どの地域の動物だったのかを調べる手法も登場している。羊皮紙に使われる動物の種類と日本語の呼び方については、八木健治氏による軽妙な語り口の『羊皮紙のすべて』の説明がわかりやすい。[*8]

中世写本の制作は手間暇コストがかかるものであったため、入念な計画を立ててたうえで開始された。当時の本は一般庶民《しょみん》が持つことができるようなものではなく、修道院、高位聖職者、王侯貴族のためのものだった。西ヨーロッパでは識字率が低かったため、初期は写本を書くのも読むのもキリスト教の修道院にいる聖職者たちだった。大学が誕生し、少しずつ豊かな中流階級が生まれつつあった12世紀頃になると、それまで基本的には修道院に限られていた写本制作の場が世俗にも拡大していく。賃仕事《ちんしごと》として文字を筆写する写字生や、カラフルなイニシャルや挿絵を描く装飾画家、そうした職人を束ねる職業的な監督者が登場した。

＊8　八木健治『羊皮紙のすべて』「一・三　羊皮紙の種類」、青土社、２０２１。

写本は基本的に注文生産であり、その書物の目的と用途は注文主が決めた。たとえば朗読用の大型写本なのか、貴族の女性が持つための美しい挿絵入りの豪華な小型写本なのか、学者や大学生が余白にたくさんの書き込みをするための勉強用写本なのか、携帯しやすい実用的な小型写本なのかといった具合である。注文主と写本制作監督者が予算を取り決め、その予算によって、写本に用いる皮の質、完成したときの大きさ、装飾に金や高価な顔料を使用するかどうかやその使用量、さらに書体も決まってくる。書体も費用に関係するのは意外かもしれないが、フォーマルなゴシック体のように何度もペンを持ち上げなくてはならず書くのに時間がかかる書体は、写字生の作業時間に比例して高くなる。写本そのものに、「皮はどのくらい買うからいくらかかる」とか、「職人に筆写させるのにいくら」「装飾にいくら」「製本にいくら」というメモが残っている場合もある。

できあがりの本のサイズを考えて羊皮紙を切り、書きやすいように表面を処理し、まっすぐに書くための線を引く。罫線《けいせん》を引くのは必要ながら退屈な作業だったようで、時間短縮のための道具が何種類も考案されている。

皮の下処理が済むと、羽ペンで文字を書く。『ハリー・ポッター』のようなファンタジー映画や歴史映画でおなじみのシーンだろう。映画では見栄えを良くするためか、羽毛が付いた状態で使っていることがよくあるが、それでは書くときには顔にあたって邪魔なので、実際には羽毛部分を切り落として使う。鵞《が》ペンともいったりするように鵞鳥《がちょう》の羽がよく使われたが、書きたい文字の太さにあわせて他の鳥の羽も使われた。羽ならどれでもよいわけではなく、風切り羽の外側から3本目の羽を使うのが一般的だった。羽の中は空洞になっているので、先端を切って現代の万年筆のような形に加工し（というより万年筆が羽ペンをまねているわけだ）、インクを付けて書く。[*9]

インクは、ブナの木にできる虫こぶをすりつぶし、煮たうえで、鉄などを加えて作る。虫こぶとは、ハチが卵を産み付けるとブナが自分を守るために作る、木の実のように見える硬い球体のものである。虫こぶにはタンニンが含まれているので、インクで書いた部分だけが皮（スキン）からなめされた革（いわゆるレザー）に化学的に変化する。何文字か書くとインクが薄くなるので、そのたびにインクを新たに付けなくてはならない。ペン先が鈍くなってくると先端をナイフで切り落として使うので、羽ペンは次第に短くなっていく。ナイフはペン先を切り落とすのにも、まちがえた字を表面から削《けず》り落とすのにも、皮を押

＊9　以下の本は羽ペンやインクなど写本作りの道具や材料について写真入りで説明されていてわかりやすい。パトリシア・ラヴェット『カリグラフィーのすべて：西洋装飾写本の伝統と美』安形麻理訳、髙宮利行監修、グラフィック社、2022。

さえるのにも使われるので、中世の写字生は右手にペン、左手にナイフを持った姿で描かれるのが普通である。

図5は、15世紀に活躍した有名な写字生ジャン・ミエロ（1472年没）の仕事風景で、なぜこうしたものがあるかというと、自分が筆写した本の挿絵に描いたのである。このように傾斜した机に座り、綴じていないばらばらの状態の皮に文字を筆写していった。机の左側面には数種類のインクつぼが見える。中世には、質素なものでもセクションの開始や終了を告げる見出し文は赤字で書く習慣があったので、少なくとも2種類のインクが必要となる。絵のすぐ下の2行は赤インクで書かれている。現代の本のように改行したりインデントしたりしてセクションの区別を示すのは、白黒の世界となった印刷本が編み出した読みやすさの工夫なのである。なお、ヴォイニッチ写本には赤字の見出し文もないが、著者本人が自分だけにわかるように書いた実用的なものだからなのかもしれない。

ヴォイニッチ写本には見られないが、セクションや章

図5　中世の写字生ジャン・ミエロの仕事風景

出典：Vie et miracles de Notre Dame, en prose française, arrangés par Jean MIÉLOT. Français 9198 by Miélot, Jean (14..–1472). Auteur du texte - National Library of France, France - No Copyright - Other Known Legal Restrictions.　https://www.europeana.eu/item/9200519/ark_12148_btv1b8451109t（第19葉表、部分）

の冒頭イニシャル（たとえば図5の左下にある金地に青のM）をカラフルに書くことも一般的だった。簡素なものであれば本文と同じ写字生が書く場合もあったが、凝《こ》った美しいものになると専門の装飾画家が手がけた。書体や装飾の様式からは、写本が制作された時代や場所の推定が可能になる。ウェブ上にも多くの美しい装飾写本が公開されているので、装飾写本や彩飾写本（illuminated manuscript）などのキーワードで探してみていただきたい。ヴォイニッチ写本が、豪華写本ではなく、実用的な普通の写本に見えることが実感できるだろう。

筆写が終わると、皮を数枚ずつ重ねて2つに折った折丁《おりちょう》を作る。折丁を正しい順番に重ねて糸で綴じ、表紙を付けると、ようやく写本が完成する。中世の写本制作についてさらに詳しく知りたい方には、写本研究の碩学《せきがく》クリストファー・ド・ハメル博士が豊富な図版を添えて生き生きと解説している『中世の写本ができるまで』を薦《すす》めたい。[*10]

*10 クリストファー・デ・ハメル『中世の写本ができるまで』立石光子訳、加藤磨珠枝監修、白水社、２０２１。

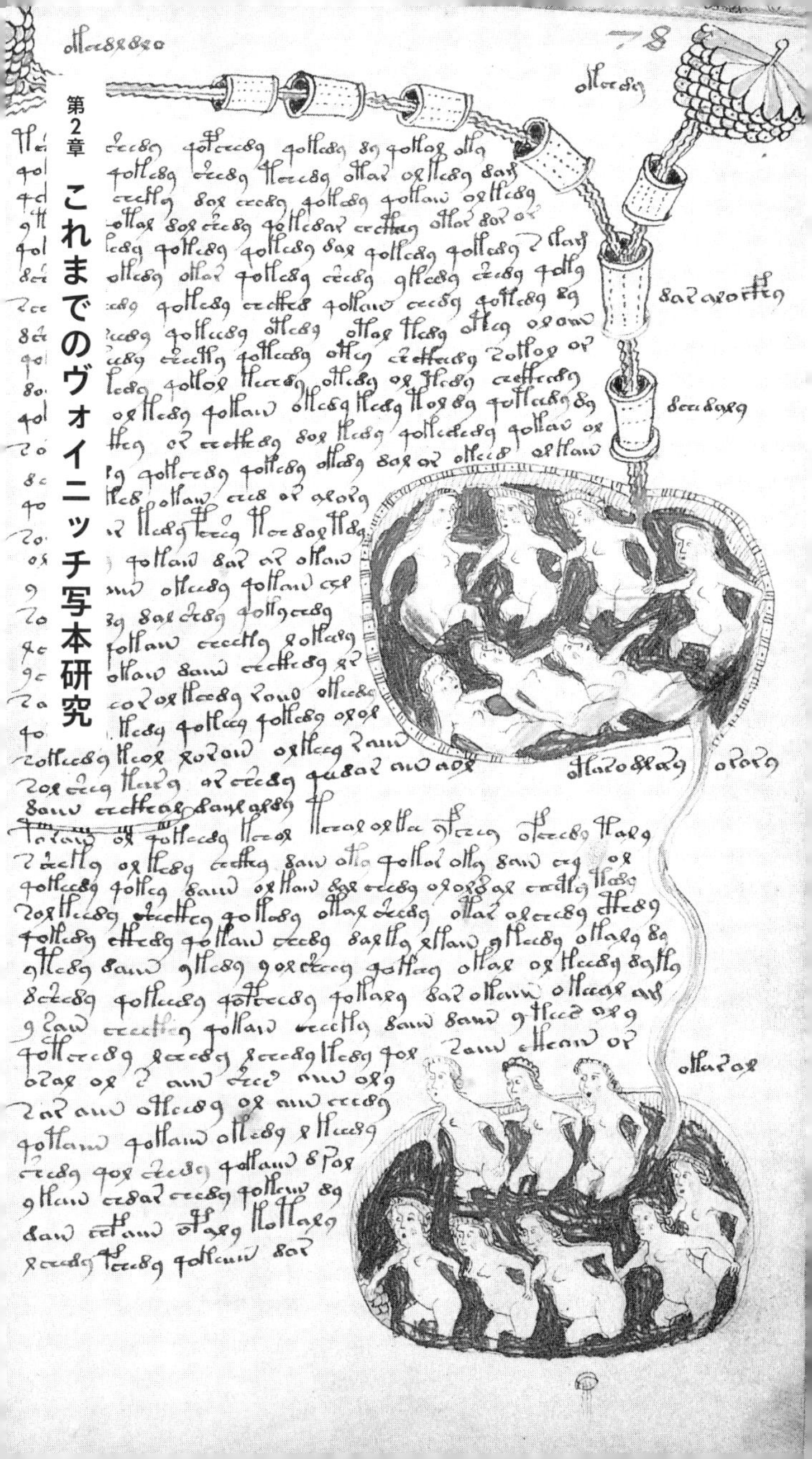

発見以来、ヴォイニッチ写本に関して数々の研究が蓄積されてきた。これまでの研究のアプローチは、⑴来歴を明らかにする、⑵年代を測定する、⑶文字を分析する、⑷解読を試みる、⑸言語学的に分析する、⑹似た文書を復元する、⑺解読可能性を判定する、に大別できる。

研究は近年また盛り上がりを見せており、２０２２年冬にはマルタ大学でヴォイニッチ写本をテーマとする国際会議が開かれた。会議録がインターネット上で公開されているほか[*1]、発表の録画もYouTubeのVoynich Research Groupチャンネルで公開されている[*2]。学会の登壇者には、昔からヴォイニッチ写本研究で有名な研究者もいれば、新たな研究手法で文字や文章の特徴に挑もうとする発表者、伝統的なパレオグラフィー（西洋の古書体学）やコディコロジー（物理的な側面に焦点を当てた西洋の写本学）に基づいて文字や写字生の分析を行う研究者、写本の来歴に着目する研究者もいるなど、さまざまである。

本章では、２００４年までの研究状況がまとめられている『ヴォイニッチ写本の謎』[*3]を

＊1　https://ceur-ws.org/Vol-3313/

＊2　https://www.youtube.com/@VoynichResearchGroup/feature

＊3　ゲリー・ケネディ、ロブ・チャーチル『ヴォイニッチ写本の謎』松田和也訳、青土社、２００６. ISBN 4791762487。

基に、その後の研究の進展を加え、簡単にこれまでの研究成果を解説する。伝統的な手法によるアプローチから、テキストデータをコンピュータ処理したデータサイエンス的なアプローチまで、幅広い研究がなされていることがわかるだろう。『ヴォイニッチ写本の謎』で紹介されている研究は、煩雑《はんざつ》さを避けるために個別の出典を省略した。

1 来歴を明らかにする

来歴《らいれき》とは、ある本が作られてから現代まで、これまでどこにあり、誰が持っていたのかという、いわば履歴《りれき》を指す。本の研究に所有者が関係あるのだろうかと疑問に思われるかもしれないが、来歴がはっきりしていれば、贋作ではなく本物だろうと判断できる。美術作品で考えるとわかりやすいかもしれない。もっとも嘘の来歴を付けて信用させ、贋作の絵画を流通させた詐欺《さぎ》事件もあるので注意は必要である。*4

1912年にヴォイニッチによって発見されてからのヴォイニッチ写本の所有者は、ヴォイニッチ、彼の妻エセル、ニューヨークの大物古書業者クラウス、現在の所蔵先であるイエール大学バイネッケ図書館と疑いの余地がないが、それ以前がはっきりしない。写本の内容が不明でタイトルもないため、明確な言及がないことも難しさを倍増させるが、第1章で簡単に述べたように、ヴォイニッチ写本と思われる写本に言及している手紙が複数見つかっている。かつては手紙が学術的なコミュニケーションの重要な手段であり、コレ

*4　レニー・ソールズベリー、アリー・スジョ『偽りの来歴：20世紀最大の絵画詐欺事件』中山ゆかり訳、白水社、2011。

クションとして保存されたり、出版されたりすることも多かった。以下では、歴代の所有者とされてきた人物について、根拠に触れつつまとめよう。

ジョン・ディー

発見者ヴォイニッチが来歴について調べた資料やメモ類が写本の付属資料として保管されている。その一つが、写本に付属していたという、1666年（あるいは1665年）にプラハ大学のマルクス・マルチ（Marcus Marci, 1667没）が書いた、ある写本に関する手紙であるが、ヴォイニッチは当初これが重要な資料だとは思わなかったと説明している。手紙には、当該写本はラファエル・ミソフスキー博士によるとボヘミア王兼神聖ローマ皇帝ルドルフ2世（在位1576－1612）が600ダカットで購入したもので、イギリスのロジャー・ベーコン（Roger Bacon, 1214頃－1292頃）の著作だという説もあるが、自分は判断を保留すると書かれている。なお、この手紙もヴォイニッチによる偽造だとする説もあるが、ヴォイニッチの死後に関連する手紙類が新たに見つかっていることから、現在では真正だと考えるのが一般的である。

この手紙に基づき、ヴォイニッチは、13世紀にベーコンがヴォイニッチ写本を書き、それを16世紀にジョン・ディー（John Dee, 1527－1609）が入手したうえで、1584年にルドルフ2世に謁見《えっけん》した際に売ったと考えた。ディーはイギリスの女王エリザベス1世に寵愛《ちょうあい》された著名な数学者・占星術師・錬金術師であり、膨大《ぼうだい》な蔵書の一部としてベーコンの著作を多く所有していたため、たしかにこの写本を持っていてもおかしくはない。ディーは多彩な才能に恵まれ、エリザベス女王のスパイだったという説もある。実に、女王に宛てた手紙の署名は「007」だった。[*5]

ディーは当時助手として雇っていたエドワード・ケリー（Edward Kelly, 1555－1597／8）とともにボヘミアに滞在していた。2人は各地で「天使との交霊会《こうれいかい》」なるものを行っていたため、他の人には読めない暗号を使っていた可能性がある。実際、ケリーが天使の言葉を特別な言語で書きとめたとされる『エノクの書（Book of Enoch）』（London, British Library, Sloane MS. 3189）と呼ばれる写本があり、こちらも未解読のまま現在に至っている。[*6]

写本学者A・G・ワトソン（A. G. Watson）とR・J・ロバーツ（R. J. Roberts）も、ディ

---

*5　オックスフォード大学アシュモリアン美術館のポッドキャスト The Queen's Magician ではディーのこうした側面を解説している。
https://www.ashmolean.org/objects-out-loud#collapse2657321

*6　横山茂雄『神の聖なる天使たち：ジョン・ディーの精霊召喚一五八一～一六〇七』研究社、2016。

ー旧蔵説を支持した。彼らはディーの蔵書を再構築するなかで、ヴォイニッチ写本はディー自筆の蔵書目録には掲載されていないものの、彼の蔵書であったうちの1冊であると結論付け、各右ページに付けられたフォリオ番号はディーによるものだと考えた。[*7] しかし、ディーは自分の本に多くの書き込みをしたことで知られているのに、フォリオ番号以外の書き込みがない、筆跡が異なるなどの反論もある。もっとも、ディーも本写本を持っていたものの解読できていなかったのであれば、書き込みようがなかったとも考えられるだろう。

その後２０１１年に行われた年代測定によって15世紀の羊皮紙が使われていることがわかったことから、ベーコン自身が作成した可能性はほぼ否定された。もちろん、13世紀のオリジナルを15世紀に筆写することは可能であり多くの実例があるが、ヴォイニッチ写本のように他に例のない独自の文字や、文字と挿絵が一体化したレイアウトを考慮すると、写しではなくオリジナルだと考える方が自然かもしれない。ベーコンが著者でないなら、イギリスで作られたとする強い根拠もなく、したがってイギリスからボヘミアのルドルフ2世にこの写本をもたらしたのがディーだという説の説得力も、やや薄れてくる。

---

*7　Watson, A. G.; Roberts, R. J., ed. John Dee's Library Catalogue. Bibliographical Society, 1990, p. 172–173. DM93がヴォイニッチ写本。

ルドルフ2世

では、ルドルフ2世が所有していたという根拠はどうだろうか。本章冒頭に述べた2022年の国際学会での発表を紹介しよう。ブレーメン芸術大学のシュテファン・グジー(Stefan Guzy)は、ルドルフ2世が本写本を所有していたとすれば個人的な珍品室に所蔵されていた可能性が高いと考え、1576年から1612年の宮廷財務局(Hofkammer)の膨大な記録を調べた。珍品室とは驚異の部屋とも呼ばれる、世界中のさまざまな珍しい物や標本などを集めた現代の博物館の原型で、王侯貴族の間で流行していた。その期間の6900件にのぼる記録のうち、本に関する項目は126件あった。グジーは、1599年に錬金術に関する複数の写本をまとめて500ターラー(これはマルチの手紙にある600ダカットに相当する)で購入したという記録を発見した。[*8]

600ダカットというのは、いくら貴重であるにしても1冊の写本には高すぎる値段であるので、小規模なコレクションの価格だとする方が納得できる。ただし記録されている

*8 Guzy, Stefan. Book transactions of Emperor Rudolf II, 1576-1612: New findings on the earliest ownership of the Voynich Manuscript.
https://ceur-ws.org/Vol-3313/paper16.pdf

売り手はディーではなく、ウィーデマンという医師だった。ウィーデマンは植物学者ラウヴォルフとの親交があったので、彼から写本を入手したのかもしれない。購入記録には個別の写本についての記述がなく断定はできないものの、グジーは、この中にヴォイニッチ写本が含まれていたのではないかと指摘する。今後、ウィーデマンの書簡類や宮廷財務局の文書類のさらなる調査により、初期の来歴が明らかになると期待したい。

ヤコブズ・デ・テペネチ

写本そのものに残る証拠として、第1葉表の余白に紫外線を当てると、“Jacobi de Tepenecz”という署名が読み取れる。本が貴重だった時代には、所有者が見返しやタイトルページなどに自分の名前を書き込むことは珍しくなく、これを所有銘という。現代の図書館でもタイトルページや小口に蔵書スタンプを捺《お》すことはよくある。経年変化で所有銘のインクが薄れて読めなくなったり、次の所有者が前の所有銘を削り落とすなどして消そうとすることもあった。署名自体が捏造なのでなければ、これはボヘミアの薬草の専門家ヤコブズ・デ・テペネチのことである。彼がルドルフ2世からデ・テペネチという称号を許された1608年から、没する1622年までのどこかでこの写本を所有していた証拠だと考えられている。

ゲオルグ・バレシュ

次の証拠は、プラハのゲオルグ・バレシュ（Georg Baresch, 1585－1662年）という錬金術に関心を持つ法廷書記が、ローマのイエズス会士アタナシウス・キルヒャー（Atanasius Kircher）に送った1639年4月17日付の手紙である。キルヒャーは、ヒエログリフなどの古代言語や暗号の専門家としても知られていた当代きっての碩学だった。バレシュは、2年前にテオドール・モレトゥスというイエズス会士を介して送った奇妙な写本からの抜粋を翻訳・解読できたかをたずねている。残念ながらその抜粋は現存しないのでヴォイニッチ写本だとは断言できないが、1639年の手紙は、キルヒャーの遺した手紙のコレクション（APUG 555－568）が教皇グレゴリウス大学からデジタル版で公開された後、2010年に発見された。手紙には、その写本には多くの薬草や星や化学を象徴する絵などが描かれているという記述があることから、ヴォイニッチ写本と考えられる。それに対するキルヒャーの返信は見つかっていない。

また、2008年には、仲介者モレトゥスの遺した科学の日記にキルヒャーからの16

39年3月の手紙が貼り付けられているのがチェコの歴史家によって発見された。手紙の中でキルヒャーは、送られてきた奇妙な文字は見たが、忙しくてまだ解読できていないと述べている。これが、ヴォイニッチ写本に関して言及された最も古い記録ということになる。[*9]

マルクス・マルチ

バレシュは錬金術に関する蔵書をマルチに遺贈し、そこにヴォイニッチ写本も含まれていたようである。前述の通り、1666年（あるいは1665年）にマルチは、親交があったキルヒャーに暗号で書かれた写本を送り、その解読を依頼した。その手紙の中に、写本の前の所有者は写ししか送らなかったと書かれており、前の所有者とはバレシュを指すと考えられる。しかし、キルヒャーからの返信はなかったようで、マルチの他の友人がキルヒャーに進捗をたずねた2通の手紙が残っている。

＊9　Smolka; Zandbergen. Athanasius Kircher und seine erste Prager Korrespondenz. Bohemia Jesuitica 1556–2006. Echter, 2010, vol. 2, p. 677–705.

アタナシウス・キルヒャー

ヴォイニッチ写本はキルヒャーの手元に置かれたまま、マルチには返されなかったと考えられる。その後250年ほどはヴォイニッチ写本への言及は知られていない。しかし、近年、キルヒャーの蔵書の行方に着目することで、光が当てられつつある。第1章で紹介した公式ファクシミリ版に収められた論考もその一つである。

キルヒャーの死後、その膨大な手紙や蔵書はローマのイエズス会の大学で管理されていた。1873年にイタリア国家がローマにあるイエズス会の図書館や文書館の収蔵品没収を命じると、没収を避けるため、キルヒャーの手紙や写本を含む2000冊以上のコレクションがローマから運び出された。疎開《そかい》先は、イタリアのイエズス会の僧院ヴィラ・モンドラゴーネだと考えられている。

1903年にそのうちの380冊がヴァチカン教皇庁図書館に売られることになり、簡単な販売目録が作られた。経緯は不明だが、ヴォイニッチはその一部を密かに購入することが許され、それをアメリカの有力な図書館に売却したことがわかっている。目録の中には、1冊だけタイトルも著者も記されず、「15世紀の羊皮紙の雑集写本」とだけあるものが含まれており、これがヴォイニッチ写本であり、ヴォイニッチが購入した中に含まれると考えることが可能である。この推測が正しければ、17世紀のボヘミアのプラハから20世紀のヴィラ・モンドラゴーネに至る細い線がつながったことになる。[*10]

*10 Zandbergen, René. Earliest owners. The Voynich Manuscript. Clemens, Raymond, ed. Yale University Press, 2016, p. 3-9.

2　年代を測定する

ヴォイニッチによる写本入手の経緯に関する説明が曖昧かつあやふやであったため、当初からヴォイニッチが捏造したのではないかという意見も根強かった。ただし、ヴォイニッチが本来はヴァチカン教皇庁図書館に売られるはずだった写本の購入を許されたことを考えると、入手場所について明言を避けたことにも納得がいく。

２００９年には、インクや顔料を対象に、走査電子顕微鏡やエネルギー分散型X線分析、X線回折法など複数の手法による成分分析が行われ、その結果は所蔵館のウェブサイトから公開されている。[*11] 26葉表、47葉表、70葉裏、78葉表、86葉裏、１１６葉裏という合計6ページから、本文や挿絵の顔料のごく少量のサンプルを採った。さらに、1葉表のアルファベット「a」、8葉裏の右下隅にある丁番号[*12]、26葉表の右上のページ番号（26）に使われているインクも分析対象とした。その結果、ヴォイニッチ写本のインクの特徴は、15世

＊11　https://beinecke.library.yale.edu/sites/default/files/files/voynich_analysis.pdf
＊12　中世写本も現代の本も、紙を折りたたんで作った折丁を重ねて作られている。製本の順番を指示するためにページの下などに丁番号という記号や番号を入れることが多かった。現代の日本の本では折丁の背に番号を付けているが、製本されると見えなくなる。

紀に作成されたことが確実な写本の特徴と一致することが明らかになった。

本文の文字と挿絵に使われている茶色がかった黒インクは、中世に広く使われていた没《もっ》食子《しょくし》インクという、ブナ科の木の虫こぶを砕き、硫酸鉄と混ぜ、アラビアゴムを加えて粘性を増したものだった。挿絵に使われている青や緑のインクも中世写本に使われているものと同様の特徴を示していた。つまり、中世のインクだと考えて矛盾がないことになる。

一方、ページ番号、丁番号、1葉表の「a」に使われているインクの成分は、没食子インクであることは共通していたが、成分がそれぞれ異なっていた。ページ番号は没食子インクだが成分比が異なる。丁番号もおそらく没食子だが鉄の含有量が極めて少ない。1葉表の「a」もそれとよく似ているが、チタンが含まれていることや、アラビアゴムではない何かが加えられている点が違う。この結果は、元々ページ番号は本文とは違う人（「来歴」で見たようにディーという説もある）が書いたとされてきたこととも辻褄《つじつま》があう。丁番号は、通常は写本制作時に書き込むのが普通なので、本文のインクの成分と異なるのは興味深い。成分が異なるということは、違う時期に、違う人によって書かれた可能性が高い。なお、

1葉表は、後述の筆者らの研究でも他のページとは性質が異なることが明らかになっている。2011年には写本に使われている羊皮紙を対象に、C14による放射線炭素年代測定が

行われ、15世紀前半の羊皮紙（厳密には羊ではなく仔牛から作られた獣皮紙）だという結果が得られた。測定誤差を考えても20世紀の贋作ではないことになるので、ヴォイニッチが捏造したという可能性は完全に否定されたといってよい。

もちろん15世紀の未使用の羊皮紙に新たに字を書いて写本を作ることは、理屈の上では可能である。紙の印刷本から遊び紙などの白紙を切り取り、シェイクスピア関係文書を捏造した18世紀のウィリアム・アイアランドの事例もあるが、そもそも白葉が少ない羊皮紙で同じことを実現するのは難しい。また、1枚の古い羊皮紙を利用して捏造された可能性が高いヴィンランド地図（ヴォイニッチ写本と同じくイエール大学バイネッケ図書館に所蔵されている）の実例はあるが、ヴォイニッチが２００ページ以上に相当する未使用の羊皮紙を確保できたと考えるのは現実的ではない。あるいは、羊皮紙は表面の文字をナイフで削るなどして再利用されることがあり、そうした重ね書き写本（パリンプセスト）は撮影方法や画像処理の工夫により消された下の文字を読み取ることができるのだが、ヴォイニッチ写本はパリンプセストでもないと考えられている。

こうした化学的分析からは、ヴォイニッチ写本は15世紀の仔牛皮に、中世のインクによる文字と挿絵が書かれたものであり、15世紀から16世紀頃に作られたと結論付けることができる。

3　文字を分析する

ヴォイニッチ写本の中身を分析するには、筆跡、文字の種類、文字の出現頻度《ひんど》など、さまざまな着眼点がありうる。何種類の文字が使われているのかということは基本的な情報ではあるものの、研究者によりそれぞれ違う。それは、ある文字が異なる文字種なのか、書き方のバリエーションに過ぎないのか（日本語で漢字の旧字体や異字体を分けて数えるかどうかという点に似ている）、ぴったり続けて書かれてくっついているように見える文字をばらばらにするのかまとめて1文字（合字）とみなすのか、といった判断が必要になるためである。中世には、たとえばゴシック書体を使うときに、右側に縦線を持つdと左側に縦線を持つeを一文字にくっつけてdとeの合字として書くなどの習慣があった。

プレスコット・カリア（Prescott Currier）は、植物の挿絵があるセクション（植物セクション）には2種類の異なる筆跡がはっきりと確認できるため、2人の写字生AとBによって作成されたという説を提唱した。写字生Aは文字の間隔が広くて均等なのに対し、写字生Bの字は間隔が狭く右上がりである（**図6、7**）。

さらに彼は写本全体では12種類の異なる筆跡が確認できるとしたが、それについては自分でも自信がないと認めている。それ以降はつい最近まで、ヴォイニッチ写本に正面から取り組んだプロの古書体学者はいなかった。

現在、中世学者リサ・ファギン・デイヴィス（Lisa Fagin Davis）は、中世写本を専門とするパレオグラファーとしての知見に基づき、文字の分析を進めている。Archetypeというオープンソースのアプリケーションを使い、文字画像に注釈を付け、手作業で分類し、比較検討するという方法である。特徴的な2文字の形を手がかりに、一般的なラテン語の文字を分析するときと同じように、文字の下の部分に足が付いているか、hなどの上に突出する線（アセンダー）が垂直か斜めか、一画で書かれているのか、横の棒（クロスバー）が平らか斜めか、ループが大きいか、まん丸か楕円形か

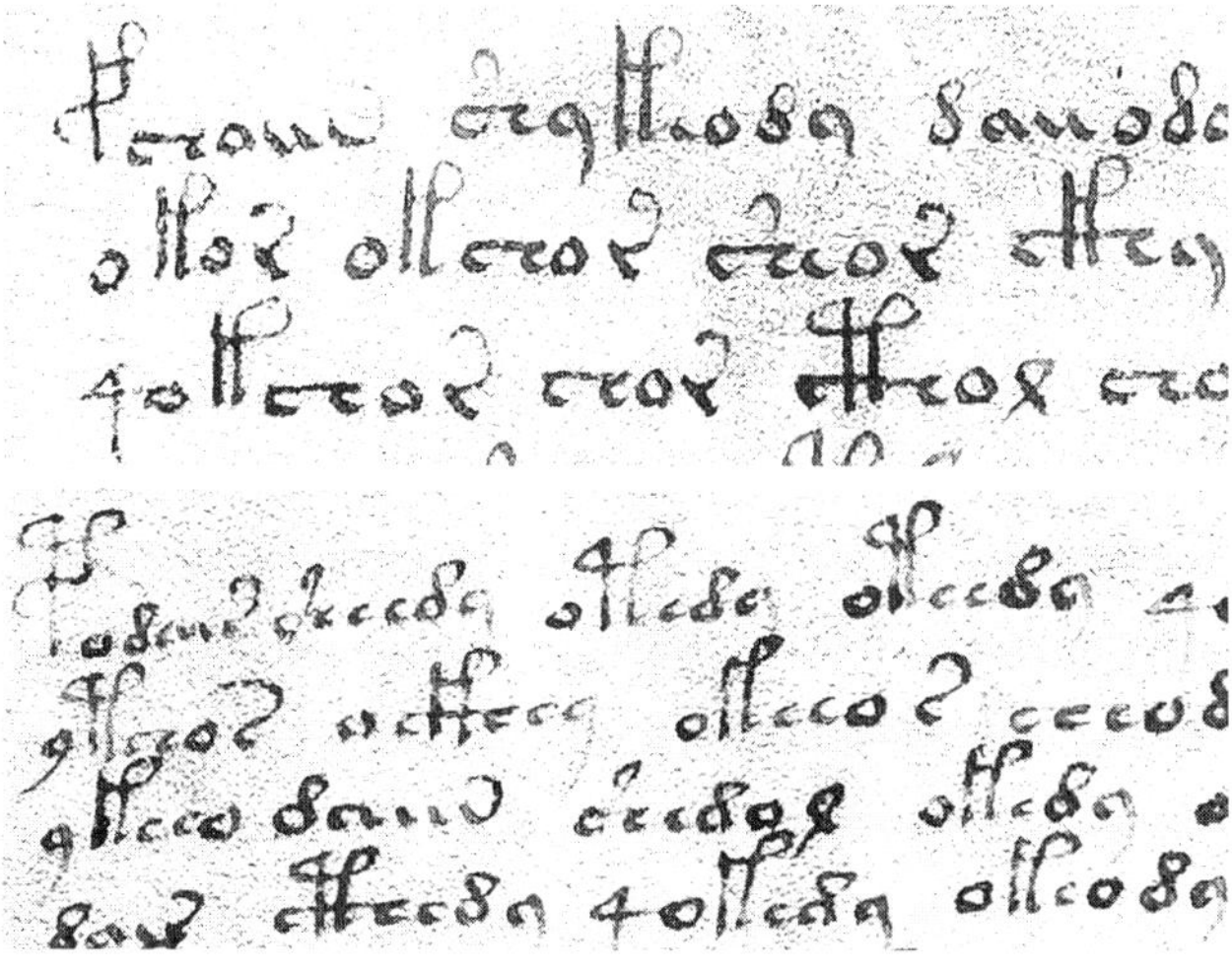

図6、7　カリアが同定した2人の写字生　上：写字生A（第32葉表）、下：写字生B（第31葉裏）
図出典：Cipher manuscript (Voynich manuscript). General Collection, Beinecke Rare Book and Manuscript Library, Yale University.

といった点を、鍛えられた学者の目で観察したのである。[*13] 彼女の研究は雑誌論文として発表された後、所蔵館によるオンライン講演会や２０２２年の学会の基調講演[*14]になっていることからも、その注目ぶりがうかがえる。その結果、カリアのいう2人に加え、全部で5人の写字生を識別できたという（**図8**）。

さらに、一部の文字を短縮形や合字だとみなすことを提案した。短縮語を用いて写本を書くことは当時ごく一般的なことであった。そうすると、1文字に見えるが実は2文字であるということになり、文字数や単語を構成する文字も変わってくる。今後、文字種に関する検証がさらに進むことを期待したい。

さて、肉眼で観察するのではなく、コンピュータ処理というアプローチを可能にするために機械可読型のデータにする研究もある。そのためには、独特のヴォイニッチ文字を何らかの形で一定の規則（コード）に基づいて、テキストデータにする必要がある。この作業を翻字（transliteration）と呼ぶ。ヴォイニッチ写本に限らず、手書きの文字や初期の印

＊13 Davis, Lisa Fagin. How many glyphs and how many scribes? Digital paleography and the Voynich Manuscript. Manuscript studies. 2020, vol. 5, no. 1, p. 164–180.

＊14 Davis, Lisa Fagin. Voynich Paleography. https://ceur-ws.org/Vol-3313/keynote2.pdf

刷本など、通常のOCR（光学的文字認識）ではうまく認識できないような資料については必須の標準的な手続きである。これまで表現力が少しずつ異なる5つのコードが考案され、ヨーロピアン・ヴォイニッチ・アルファベット（EVA）の基本EVAや拡張EVAと呼ばれるものがよく使われているが、それぞれ互換性はない。そのなかでも、日本人の高橋健が1990年代に作成した基本EVAに基づく全ページの翻字データは、ウェブで公開され広く使われている。筆者らが分析に用いたのも高橋によるテキストデータである。

長年ヴォイニッチ写本研究に取り組んでいるレネ・ザンドベルゲン（René Zandbergen）は、2019年から2020年にかけて、既存のすべての翻字アルファベットを統合し、各セットから相互に変換可能な「アルファベットのスーパーセット（STA）」を作成した。STAは2つのアス

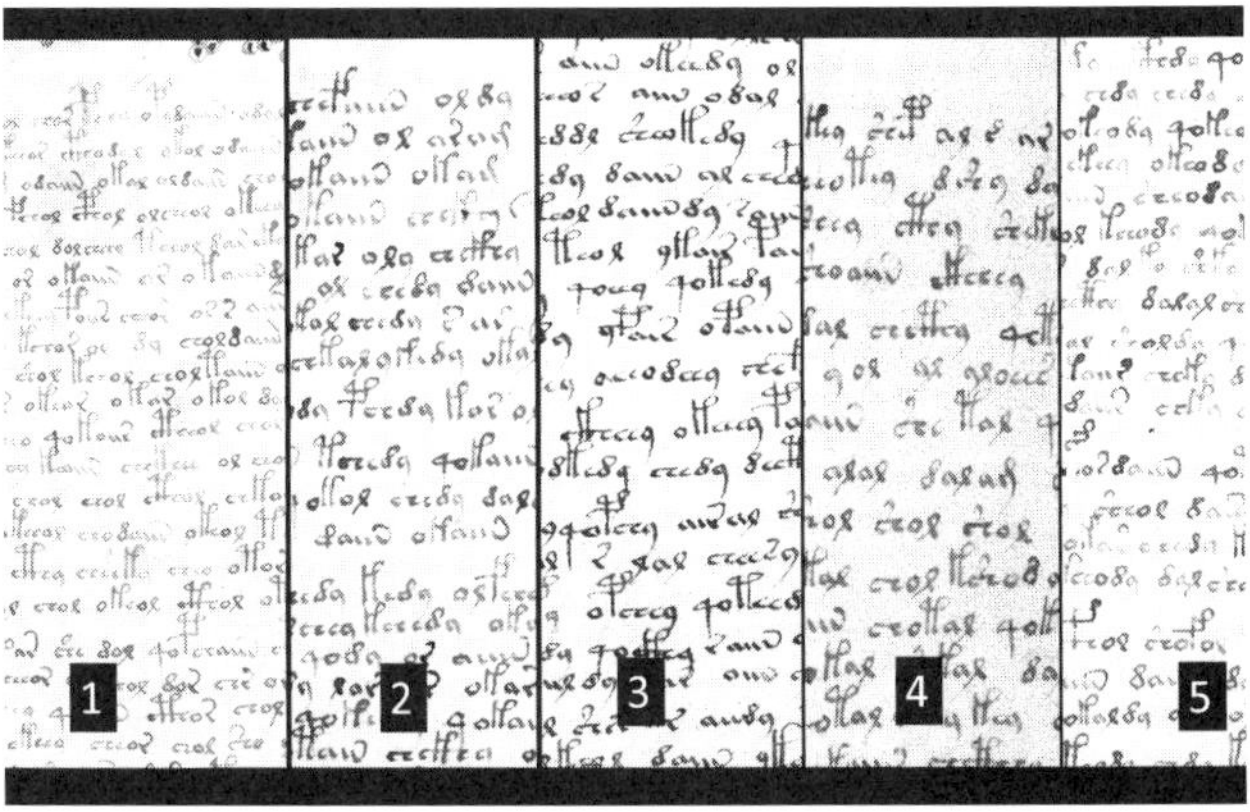

図8　Lisa Fagin Davisによるヴォイニッチ写本の5人の写字生
出典：Davis, Lisa Fagin. Voynich Paleography.　https://ceur-ws.org/Vol-3313/keynote2.pdf

キー文字で写本の1文字を表現することで特殊記号の利用を回避しているため（たとえばJ1、J2のように表記する）、人間には直感的にはわかりにくいが、機械が理解するには向いている。これにより、既存の主な5種類の翻字データを同じツールで扱えるようになり、正確さも比較可能になる。ザンドベルゲンは、2022年の学会の基調講演において、STAを用いて既存の2種類の翻字データを変換し、いくつかの出現頻度の高いバイグラム（テキストデータを2文字ずつに切ったもの）が各ページにどのように現れるかの主成分分析の結果を示し、STAの有効性を示した。[*15]

こうした新たな提案があったからといって、直ちに解読が可能になるほど簡単な話ではないが、今後の研究の進展がおおいに期待できる。

*15 Zandbergen, René. Transliteration of the Voynich MS text. https://ceur-ws.org/Vol-3313/keynote1.pdf

4 解読を試みる

ヴォイニッチ写本の発見以来、「解読」したとの発表は枚挙に遑《いとま》がないが、首尾一貫した成果を示せたものはない。最初の試みはペンシルベニア大学の中世哲学研究者ウィリアム・ニューボルド（William Romaine Newbold）によるものだった。ニューボルドは1919年に数枚の写真をヴォイニッチから受け取り検討したうえで、13世紀のベーコンが極めて複雑な操作を施した暗号であると考え、写本の最終ページを解読の鍵として解読に挑んだ。彼は1921年にはごく一部であるが解読に成功したと発表し、大きな反響を得た。数年後に解読の成果をまとめている途中で急死し、同僚によって1928年に遺稿が編集・刊行されたが、その遺作の解読手法は著しく主観的かつ不完全であるとして手厳しい批判を受けることになった。そのためか、それから人文学系の学問の世界ではこの写本を正面から研究することが避けられ、むしろ暗号専門家たちによる模索の時代が続く。現在もヴォイニッチ写本に関する研究論文は、暗号の専門誌に掲載されることが多い。

その中には、第二次世界大戦で日本の外務省が用いたパープル暗号を解読したことで知られるウィリアム・フリードマン（William F. Freedman）もいたが、解読には至らなかった。

彼は、この写本は暗号ではなく、たとえばエスペラント語のような人工的言語もしくは普遍的言語を作成しようとする初期の試みであるという見解を遺した。その見解も、アナグラムで、つまり文字を並べ替えるという暗号の形であったのは、いかにもというべきか。

1960年代には、ヴォイニッチ写本の文字をパンチカードで当時の大型計算機（コンピュータ）に入力して解読しようとする試みもあったが、頓挫した。1976年にはアメリカ国家安全保障局によって本写本の解読を目指す会議も開催されたが、解読には至らなかった。初期の解読をめぐるさまざまな手法や研究成果については、1978年に出版されたM・E・ディンペリオ（M.E. D'Imperio）による報告書にまとめられている。[*16]

その後も現代に至るまで、ヴォイニッチ写本に関するメーリングリストやインターネット、電子書籍などさまざまな場所で「解読」の報告はあるが、広く同意を得られたものはない。一例を挙げると、2017年にイギリスの権威ある総合文化批評雑誌 *The Times Literary Supplement*（TLS）に歴史研究家・テレビ放送作家のニコラス・ギブス（Nicholas Gibbs）がヴォイニッチ写本の解読に成功したというニュースが掲載され、マニアの間だけ

＊16　D'Imperio, M. E. The Voynich Manuscript: An elegant enigma. Aegean Park Press, 1978. 邦訳がある。『ヴォイニッチ手稿：そのエレガントな謎』高橋健訳、無頼@ネット出版、1999。

でなく一般にも大きな話題となった。この解読方法は、ヴォイニッチ写本の本文を中世ヨーロッパで一般的だったラテン語の短縮語・縮約語からなると考えたうえで、2行分を大胆かつ自由に解読したというものであった。しかし、解読法の詳しい説明がないこと、過去に試されたうえで失敗している解読法であること、その手法はその2行分以外には適用できないことから批判が多く、解読できたとは到底いえない。

YouTubeも発表の場となっている。ためしに「Voynich manuscript」と「solved」あるいは「decode」（解読）などと掛け合わせてキーワードを入れてみると、落ち着いた学術的なものからセンセーショナルなものまで、実にさまざまな動画がヒットすることがわかるだろう。たとえば2018年には、トルコ語の発音をそのまま書き取ったものだという立場から、30％の解読に成功したという動画が公開された。[*17] よく作り込まれ一見の価値がある動画ではあるが、一つの記号を何通りにも展開したり、複数の発音に対応させたりしているため、本写本のような繰り返しの多い記号群に適用すると、かなり自由な解釈が可能になってしまい、一貫した解読結果を得るのは難しいだろう。

*17 Voynich Manuscript Revealed.
https://youtu.be/p6keMgLmFEk

5 言語学的に分析する

解読に直接取り組むのではなく、テキストの特徴を分析しようという方向もある。1998年にガブリエル・ランディーニ（Gabriel Landini）とザンドベルゲンは、テキストデータが「ジップ（あるいはジフ）の法則」に従うことを指摘した。[*18] これは、テキスト中の単語の出現頻度と順位の積が一定となる、つまりごく少数の語が高頻度で出現する一方、非常にわずかしか使われない語が多数存在するという経験則であり、自然言語に広く見られる特徴である。別の言い方をすれば、出現頻度と順位は反比例する。たとえば、ジップが長編小説『ユリシーズ』の分析で示したように、英語では the, of, and の順に出現頻度が高い。2番目の of は the の1／2の確率で出現し、3番目の and は the の1／3の確率で出現する。小説であれ新聞であれ、英語であれ他の言語であれ、なぜか観察される経験則である。この集中と分散の偏りは、言語だけでなく社会のさまざまな場面で観察され、パレートの法則、二八の法則と呼ばれたりもする。

＊18 Landini, Gabriel; Zandbergen, A well-kept secret of mediaeval science: The Voynich Manuscript. Aesculapius. 1998, vol. 18, p. 77-82.

ザンドベルゲンは、情報エントロピー（平均情報量）という観点からの分析も行った。その研究によれば、ヴォイニッチ写本には少なくともラテン語と同程度の多様性があるという。無意味な文字を挟みこんだ冗長《じょうちょう》暗号（たとえば「たあんたごたう」から「た」を抜くと「あんごう」になる「たぬき暗号」）であれば、意味不明の文字が並んでいるのは同じだが情報エントロピーは低いという特徴を持つ。したがって、ヴォイニッチ写本は冗長暗号ではないということになる。

こうした分析結果は、ヴォイニッチ写本が何らかの言語である可能性を示す。しかし、これまで古代の言語や地理的に離れた言語を含め、既存の言語体系との関係付けはいずれも成功していない。

6 似た文書を再現する

このように既存の言語との対応付けができず、暗号解読の専門家も解読できないとなると、そもそも中身がデタラメで意味がないのではないかと考えたくなってくる。とはいえ、コンピュータのない時代に、単なるデタラメをなんの偏りも特徴も出さずに200ページ以上も書き連ねることは極めて難しい。それだけの羊皮紙を入手する費用もかかる。そのため、人がデタラメを書き連ねた可能性は低いと考えられてきた。

しかし、無意味で繰り返しが非常に多いという同じ特徴を持つ文書を人力で作成する方法を考えた研究者がある。2004年にイギリスのキール大学のゴードン・ラグ（Gordon Rugg）は、「カルダーノ・グリル」という16世紀の暗号作成の道具を使うと、ヴォイニッチ写本と似た特徴を持つ文書を3、4か月という比較的短い期間で作成できると主張した。そして、ヴォイニッチ写本は前述のケリーがでっちあげた写本で内容に意味はないと結論付けた。

カルダーノ・グリルは、本来は、暗号作成者が穴のあいた板を紙や羊皮紙の上に置き、穴の部分に伝えたいメッセージを1文字ずつ書いてから板をどけ、間を適当な文字で埋めてメッセージを隠し、受け手は同じ板を使ってメッセージを読み取る（復号する）という道具である。ラグは、穴の部分に意味のあるメッセージではない文字を書いては板をずらしていくことで、全体として無意味なものを簡単に作り出せることを示し、実際に数ページを手作業で作った。もっとも、やはりなかなか面倒な作業ではあったようで、あとは同様のことを行うソフトウェアを作り、さらに3ページ分、文字数でいえばヴォイニッチ写本の12ページほどに当たる分量のテキストを作成した。混乱を避けるため、これを「ソフトウェア版偽ヴォイニッチ写本」と呼ぼう。このデータは現在、大学のウェブサイトからは見られないため、ウェブアーカイブに保存されているものを**図9**に示した。たしかにそれらしい文書が再現されている。ラグのこの研究は、*Nature Science Update* 他、一般誌を含む数多くの雑誌に取り上げられ、『日経サイエンス』の記事として日本語にも翻訳されるなど、大きな注目を集めた。[*19]

ラグは2017年の論文でも、ソフトウェア版偽ヴォイニッチ写本のテキス

*19　G・ラグ「ヴォイニッチ手稿の謎」日経サイエンス、vol. 34, no. 10, 2004, p.86–92.

ky. sheey. keeaiin. qoty. cheol. sheaiin. sheedy. qokeedy. rkey. otey.
qokdy. yty. key. lchaiin. ky. shedy. lkdy. qosheedy. okedy. ochaiin.
qokeedy. ty. keeaiin. kaiin. kchdy. qokey. kol. tey. okeaiin. ochedy.
lka. qokeey. keaiin. ky. chcthdy. kdy. chey. qochey. qocheky. ochy.
chea. qokey. keol. olochaiin. kchdy. chey. qochey. qochedy. qochekaiin. otey.
lkeey. tdy. okedy. Olchdy. oky. qokeey. ky. qoshedy. qochekdy. qotedy.
oky. oltcheain. qoshy. qochey. t. lteey. oky. qoctheaiin. qocheal. ocheady.

図9　ラグが作成したソフトウェア版偽ヴォイニッチ写本
出典：http://web.archive.org/web/20050316224351/
http://www.keele.ac.uk/depts/cs/staff/g.rugg/voynich/software_version.html

トが、ジップの法則や単語長の頻度分布などの統計的な特徴において、本物のヴォイニッチ写本に似ていることを示した。つまり、未知の暗号や言語という解釈を持ち出さなくても、この写本の特徴は十分に説明できると主張している。[20]

アンドレアス・シナー（Andreas Schinner）は、2007年の論文でラグによる説を支持した。ランダムウォークによるマッピングとトークンの反復の統計に基づく分析から、ヴォイニッチ写本の本文は確率過程によって生成された、つまりサイコロを投げて作られたような、意味を持たないものである可能性が高いと述べた。[21]

2022年の学会でも意味のないデタラメという説が新たに検討されている。ダニエル・ギャスケルとクレア・ボウエンは、42人の学生ボランティアに書いてもらった1ページから3ページの短いデタラメな文、意味のある中世から近代のさまざまなテキスト、ヴォイニッチ写本から、200語ずつを抽出して比較した。42の変数（単語の長さや同じ単語の繰り返しなど）での比較と、ランダムフォレストというアルゴリズムに基づく機械学習によ

＊20 Rugg, Gordon; Taylor, Gavin. Hoaxing statistical features of the Voynich Manuscript. Cryptologia. 2017, vol. 41, no. 3, p. 247–268.
＊21 Schinner, Andreas. The Voynich Manuscript: Evidence of the hoax. Cryptologia. 2007, vol. 31, no. 2, p. 95–107.

る分類からは、ボランティアによるデタラメな文とヴォイニッチ写本は多くの共通点を持つという結果となった。ただし、このように作成したデタラメな文は、複数の丁から構成された長いヴォイニッチ写本を検証するには短すぎるという限界があることを認めている。また、デタラメを書く人に依存する部分も大きいだろう。[*22]

*22 Gaskell, Daniel E.; Bowern, Claire L. Gibberish after all?: Voynichese is statistically similar to human-produced samples of meaningless text.
https://ceur-ws.org/Vol-3313/paper4.pdf

7 テキストの解読可能性を判定する

著者らが2006年に初めてヴォイニッチ写本研究に取り組んだのは、ラグのデタラメ説を読んだのがきっかけだった。その際に、解読を試みるのではなく、解読可能な構造を持ったテキストであるのか、そもそも解読不能なデタラメなテキストであるのかを判定しようと考えた。[*23]

ここでは概要を述べるにとどめ、手法の詳細は第4章で説明する。我々の研究では、高橋が作成したテキストデータを用いた。テキストデータを1ページごとに切り分け、自然言語処理で一般的な TF-IDF 法を用いて単語の重み付けを行ったうえで、ページ間の類似度測定を単語の出現に基づいて測定し、類似度に基づいてクラスタリングするという実験を行った。クラスタリングというのは、似た特徴量を持つものをまとめていく技術であり、できたまとまりをクラスターと呼ぶ。テキストをクラスタリングした結果を、ページ順や挿絵から推測されるセクションと比較したところ、同じセクション同士のページが同じク

*23 安形輝、安形麻理「文書クラスタリングによる未解読文書の解読可能性の判定：ヴォイニッチ写本の事例」Library and information science. 2009, no. 61, p. 1-23. doi:10.46895/lis.61.1

ラスターによくまとまっていた。つまり、植物が描かれたページのテキストは、たとえば女性が描かれた生物セクションのページのテキストよりも、同じ植物セクションのページのテキストとの類似度が高いということである。ラグらが主張するように無意味でデタラメな本文であれば、あるいは暗号化の規則が途中で変化していくような複雑な暗号であれば、こうした対応関係は生じない。

さらに、ヴォイニッチ写本、ラグが生成したソフトウェア版偽ヴォイニッチ写本のデタラメなテキスト、本当に中世に制作された錬金術的要素の強い医学書のテキストの3種類を同じ手法でそれぞれ分析した。クラスタリングの結果を、エントロピー、純度、Fスコアの3つの指標で評価したところ、ヴォイニッチ写本はデタラメなテキストとは大きく異なり、本物の中世写本と近い特徴を示した。

この結果は、ヴォイニッチ写本の本文は一貫した構造を持つ、何らかの意味がある文書であることを示す。一方、単純な暗号であれば、これまでの数多くの取り組みを考えれば、とっくに解読されているはずである。したがって、ヴォイニッチ写本は既存の言語体系によらない人工言語または未知の言語で書かれた可能性が高いと筆者らは考えている。

第3章 データサイエンスと古い本

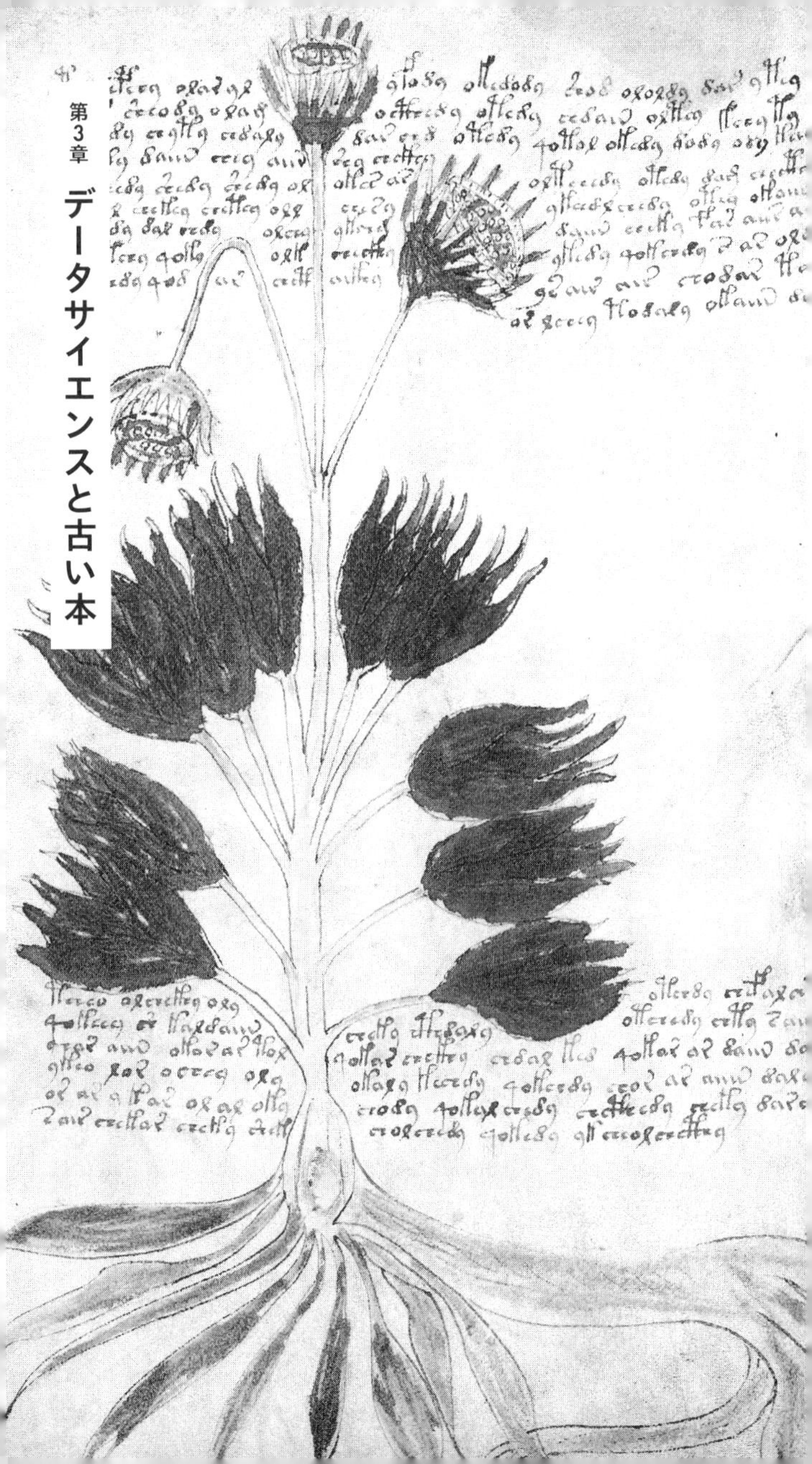

1　データサイエンス

データサイエンスとビッグデータ

第2章の最後の方は、コンピュータを使った分析の話が続いた。古い本を研究するということに対して持っていたイメージが変わったという読者もあるかもしれない。本章では、こうした新しい動向について見ていきたい。

データサイエンスという言葉を見聞きすることが増えた。『朝日新聞クロスサーチ』によると、『朝日新聞』の記事において「データサイエンス」は2010年頃から使われ出し、2015年以降に急増している。その要因の一つに、モノのインターネット（Internet of Things: IoT）と呼ばれる、テレビやスピーカーなどの家電製品、各種のセンサー機器、車など身の回りのさまざまなモノがインターネットに接続される時代が到来し、収集し分析できるデータが桁違いに増加したことが挙げられる。これまでもデータベースに収められてきたような構造化データ（典型的には行と列で構成されたテーブルで表現される）に加え、規則性がなく構造化されていない非構造化データ（身近なところでは、ドキュメントやメール本文、SNSの書き込み、動画など)、IoTのデータなどが大量に生み出されている。こうした多様なデータはまとめてビッグデータと呼ばれている。その中身は、政府や自治体などの公的機関が作成する統計データもあれば、遺伝子解析や天文学の観測データなどの自然科学的なデータ、世論調査や各種のアンケートなどの社会調査、近年のスマートフォンの普及により収集が可能になった行動履歴や購入履歴、本書で扱うような本の本文テキストデータなどさまざまである。

膨大で多様なデータを処理し、分析し、何らかの課題解決のためにデータから新たな価値を引き出すデータサイエンティストの育成は、世界中で喫緊《きっきん》の課題として認識されている。データの処理には情報学(コンピュータ科学)、分析には統計学、価値を創造するにはそれぞれの応用分野の領域における知識が必要となる。近年、アメリカや中国では、データサイエンティストの就職状況が非常に良く、統計学とコンピュータ科学を組み合わせた学位の人気が高まっている。この2要素のスキルを備えた人材が、各分野の専門家と協力して課題解決を行うことが目指されている状況がよくわかる。[*1]

データとサイエンス(科学)という言葉の組み合わせは、当たり前すぎて何を今更と感

*1 竹村彰通『データサイエンス入門』岩波書店、2018(岩波新書 新赤版1713)。

じるか、あるいは逆に特定の領域ではなくデータを研究対象とするのがピンとこないと思うことはないだろうか。現代の科学は、理論や仮説を立て、実験や観測によりそれを検証し、必要に応じて理論や仮説を修正するという「仮説検証型」といわれる方法論にのっとっている。これは歴史的には比較的新しく、だからこそ近代科学の方法論と呼ばれている。歴史的には、12世紀頃の西洋に、イスラム圏の科学や、イスラム圏を経由した古代ギリシャの科学が伝わったことにより、自然現象の観察や経験を重視するという考え方が育まれていった。錬金術などでも実験が行われており化学の前身とされるが、実験による実証科学という認識は弱かったようである。理論と実験・観測から得られたデータの組み合わせに基づく実証法は、ガリレオ・ガリレイらが活躍した16世紀から、アイザック・ニュートンやロバート・フックらに代表される「科学の世紀」と呼ばれる17世紀に発展、確立していった。当時の科学の本には、実験や観察の結果をデータとして表や文章で示すだけでなく、それに用いた器具を説明する図版も多数掲載されている。

自然科学の実験・観測データだけでなく、社会全体で人口や産業に関するさまざまなデータが生み出されるようになると、大量のデータを扱うための統計学が発展する。18世紀後半から19世紀にかけて、デンマーク、アメリカ、オランダ、イギリスなどで次々と近代的な人口調査が始まった。また、男女の出生率の違いをデータとして確認したり、医学の実験を行ったりする中で、本格的な統計学が生まれてゆく。そして、18世紀末のスコットランド人ウィリアム・プレイフェアが、近代的な統計に使われる円グラフ、時系列の線グラフ、棒グラフといったグラフィックスに大きな功績を果たした。1820年代には、「データのなだれ」、イアン・ハッキングが「印刷された数字のなだれ（the avalanche of printed numbers）」と呼ぶほど、さまざまな統計的なデータが生み出されるようになった。[*2] データの洪水の中で溺れるのではなく、活用するために、統計学が発展していったといえる。さらに、19世紀半ばには疫病コレラの発生要因を探る探究の中で、データをグラフやマッピングにより視覚化するなどの画期的な手法も編み出された。フローレンス・ナイチンゲールもグラフを効果的に活用することで、健康医療政策を変えるのに成功した。こうしたチャートやグラフなどによるデータの可視化の流れについては、『データ視覚化の人類史』に詳しい。

そうした意味ではデータは近代科学と強く結びついてきたので今更感があるのかもしれ

＊2　マイケル・フレンドリー、ハワード・ウェイナー『データ視覚化の人類史：グラフの発明から時間と空間の可視化まで』飯嶋貴子訳、青土社、２０２１。

ないが、データのサイズと役割が変わりつつある。データサイエンスというときには、特定の理論や仮説をデータにより検証しようとするわけではないからである。現在、科学のさまざまな分野において膨大なデータが利用可能になったことから、データそのものから新たな知見を見出そうとする「データ駆動型」あるいは「仮説生成型」と呼ばれる研究スタイルが登場してきている。従来から定量的データを扱ってきた自然科学分野や一部の社会科学はもちろん、数量化しにくいデータを扱うことが多い人文科学においても、この流れは影響を与えつつある。これは時に人文科学のDXと称されることもある。

データサイエンスを学ぶことができる大学

データサイエンスを体系的に学ぶことができる日本の大学も増えており、学部や学科の名称にわかりやすくデータサイエンスと入っていることもある。たとえば、日本で最初にこの名称を冠した学部を作った滋賀大学データサイエンス学部、関東初の横浜市立大学データサイエンス学部などである。もちろん、この言葉が名称としては入っていなくても、特に情報学やコンピュータ関連の学部などで学べることも多い。

そのほか、特定の学部ではなく、全学生向けのプログラムを体系的に実施している大学もある。たとえば、筆者の一人が勤務する亜細亜大学は２０２３年4月に経営学部にデータサイエンス学科を開設しているが、それ以外の全学部の全学生を対象に、文理融合的な視点からデータサイエンスの手法を用いて課題の分析から解決に至る能力の育成を目指すデータサイエンス副専攻も設けている。

データサイエンス教育に力を入れる大学は急増している。その背景には、内閣府の「ＡＩ戦略２０１９」において、これからのデジタル社会の読み書きそろばんにあたる素養として、数理・データサイエンス・ＡＩに関する知識と技能を育むという教育改革目標が掲げられていることがある。これを受け、２０２１年度には、文部科学省が大学・短期大学・高等専門学校（高専）を対象に「数理・データサイエンス・ＡＩ教育プログラム認定制度」を始めた。理系、文系にかかわらず、正規の教育課程の中で体系的な知識と技術の修得を奨励することを目指す。ウェブサイトによると、基礎的な「リテラシーレベル」は２０２１年度の78件の認定から始まり、２０２４年8月現在で４９４件の大学等が認定され、２０２５年度にはすべての大学・高専生（毎年約50万人）が学ぶことが想定されている。応用的な「応用基礎レベル」の認定は２０２２年度から始まり、初年度は68件が認定され、２０２４年8月現在では２４３件の大学等が認定されている。

また、このプログラムを支援するための賛同企業等を募集する支援サイトを開いているのは、経済産業省である。このことからは、ビジネスモデルの抜本的な変革を担う人材の育成という面からの期待が大きいことが見て取れる。

2　本を研究する

書誌学とデジタル化

さて、前節の説明ではデータサイエンスに対するビジネス界からの期待を述べたので、最先端のデータサイエンスと本、特に古い本の研究とは結びつかないように思われたかもしれないが、実はそんなことはない。ただし、それ以前に、そもそも研究成果を発表する媒体としての本や論文でもなく、文学理論に基づいて本文を解釈するのでもなく、本そのものを研究するというイメージがわかない方もあるだろう。

分析書誌学という、本を物理的なモノとして捉え、活字や紙、ページのレイアウトといった、本そのものに内在する証拠から、その本の成り立ちにまつわる疑問を解明し、本を通じた文献の伝達を明らかにすることを目指す学問領域がある。書誌学が扱うのは広義の本であり、普段身の回りにある本書のような表紙と背表紙にはさまれた製本された印刷本も、写本も、巻物も、楽譜も、チラシなどの1枚物も含む。

書誌学は伝統的な人文科学に位置付けられる学問であると同時に、その時々で最新の自然科学的手法を採用してきた。物理的な特徴にも注目するため、ルーペや紙の厚みを測るマイクロメーターといった伝統的な道具から、電子顕微鏡、特殊な撮影機器、2冊の本の違いを効率的に見つける校合機《きょうごう》、紙や羊皮紙やインクなどの素材の非破壊成分分析手法、統計的手法の応用などさまざまなツールを使う。デジタル技術も例外ではない。

1990年代後半以降、まだグーグル社も誕生していなかった頃から、各国で貴重書のデジタル化が始まり、コンピュータやデジタル技術を活用した書物研究が試みられるようになってきた。当時のインターネット回線は細かったため、高精細画像を好きなだけ見られるという状況ではなかったものの、自宅にいながらにして、世界中の図書館が所蔵する貴重な古い本を研究できるという夢のような状況が少しずつ実現し始めた。著者の一人も、デジタル画像を用いて西洋最初の本格的な活版印刷本であるグーテンベルク聖書の現存諸本を比較し、印刷中に修正作業が行われたために印刷本でありながら現存本の間に違いがあることを明らかにし、印刷工程の一部を解明するなど、デジタル化の恩恵に与《あずか》っている。[*3]グーテンベルク聖書の本文の比較が必要であることは指摘されていたものの、世界中に散

＊3　安形麻理『デジタル書物学事始め：グーテンベルク聖書とその周辺』勉誠出版、2010。

らばるグーテンベルク聖書を肉眼で体系的かつ正確に校合できる手段はなく、デジタル化されたからこそ可能になった研究である。もっとも、各地の図書館を訪問する楽しみがなくなってしまうほか、もう少し真面目なこととしては、現物からしか得られない情報が得にくくなる（あるいはそうした情報がありうることに気付かなくなる）という面には気を付けなくてはならない。

従来の人文科学の方法論と伝統を受け継ぎつつも、「共同で、分野横断的に、コンピュータを用いて取り組まれる、研究、教育、出版のための学問と組織の新しいあり方」[*4]を構築しようとする、デジタル人文学（digital humanities）と呼ばれる学際的な領域が急速に進展している。書誌学もその重要な一角を占めている。

21世紀に入ると、近現代の資料が、各国の国立図書館（日本では国立国会図書館）やグーグル社のGoogleブックスに代表される民間事業者によって、大規模にデジタル化され公開されるようになる。近現代資料はＯＣＲによるテキスト化の精度が高いため、画像とテキストの両方が提供されるのが一般的になってきた。

＊4　２０１２年度の東京大学大学院人文社会系研究科「人文情報学概論」（下田正弘・A. Charles Muller・永崎研宣〔担当〕）の一環として公開された仮訳。Anne Burdick et al.「デジタル・ヒューマニティーズ入門」中川友喜ほか訳。https://21dzk.l.u-tokyo.ac.jp/CEH/index.php?sg2dh

一方、古い本の場合は、ゴシック文字や手書き文字、あるいは日本のくずし字など、一般的なOCRでは認識が難しい文字が使われていることが珍しくない。正確なテキストデータを作成するには膨大な時間とコストがかかるため、古い本は画像データのみが公開されていることも多い。こうした大量の画像を用いた本の研究手法は緒《しょ》についたばかりであるが、さまざまな取り組みがあり、目が離せない。さらに、画像から文字を認識する技術は飛躍的に発展しつつあり、テキストデータ化も急速に進んできている。OCRが難しい例として挙げたくずし字をめぐる状況も変わってきており、スマートフォンやタブレットのカメラで江戸時代の古文書などのくずし字を撮影すると、書かれた文字を現代の文字として読み取ってくれるアプリmiwo（みを）が人文学オープンデータ共同利用センターから無料で提供されている。[*5] もちろん現段階ではすべての文字を正確に読み取ってくれるわけではないが、博物館でガラスケースの中に収められている写本をスマホでそれなりに読めると、見学の楽しみがぐっと広がることだろう。テキストデータを用いた研究には多くの蓄積があるため、データサイエンスの手法を適用しやすい。

＊5　http://codh.rois.ac.jp/miwo/

データに基づく著者推定

ある作品の著者を明らかにしようとする「著者推定」と呼ばれる研究領域を考えてみよう。古い作品で著者の情報が伝わっていない、ペンネームや偽名で執筆された、意図的に贋作や偽作が作られたなどさまざまな場合がある。たとえば、劇聖ウィリアム・シェイクスピアの別人説や、紫式部による『源氏物語』のうち宇治十帖は別人によるものだという説を聞いたことがある読者も多いだろう。もちろん、歴史的事実との照合や、使われている紙やインク、活字といった素材の分析から、著者・贋作者や執筆年代が明らかになることもある。[*6] そうした手法と並び、文体から著者を推定しようというアプローチがある。

19世紀末には、聖書や古典作品の本文を対象に、特徴的な単語の出現率や長さ、文長、助詞や句読点の使い方など、内容ではなく文体に関わる要素を手がかりにしようとする、計量文献学と呼ばれる定量的なアプローチが誕生した。書き手が意識していない文章の特徴（クセ）を見つけ、そこから著者を推定しようというのである。コンピュータがない時代の研究者たちは、紙と鉛筆を使って数え、計算し、図表に表した。

＊6　さまざまな贋作・偽書に関心がある向きには、『ユリイカ』の特集号をすすめたい。「特集＝偽書の世界」『ユリイカ』２０２０年12月号。

コンピュータを利用した本の研究の嚆矢《こうし》とされるのは、1940年代に聖職者・学者のロバート・ブサ神父が行った研究である。中世ヨーロッパの神学者トマス・アクィナスの著作を研究するために、IBMの大型計算機に、パンチカードで（後には磁気テープで）本文データを読み込ませてコーパスを作成し、分析した。爾来《じらい》、コンピュータの性能の向上、大規模な本のデジタル化とそのインターネット公開の進展（デジタルアーカイビング）、インターネットへの常時接続の普及により、コンピュータを用いた研究がますます盛んになっていることはいうまでもない。

日本における計量文献学の第一人者である村上征勝の本では、古今東西のさまざまな作品についての研究が紹介されている。[*7] 古典作品のみならず、たとえば、グリコ・森永事件の「かい人21面相」からの脅迫《きょうはく》状・挑戦状について空白の使用率と助詞の出現率を分析し、書き手が2人いたことを示したといった事例からは、統計的手法の応用範囲の広さがわかるだろう。先ほど名前を挙げたシェイクスピアは1590年頃から戯曲を書き始め、『ハムレット』や『ロミオとジュリエット』などの多くの傑作で知られている。しかし、自

---

*7 村上征勝『この本を書いたのは誰だ？：統計で探る〝文章の指紋〟』勉誠出版、2020。

筆原稿がまったく残っていない、署名が6個あるがすべて違う、学歴に比して専門知識や外国の知識があまりにも豊富すぎる、といった理由から、実は別人、たとえば哲学家・政治家フランシス・ベーコン、第17代オックスフォード伯エドワード・ド・ヴィア、あるいは同時代の劇作家クリストファー・マーロウが書いたとする説が古くからある。

1887年にT・C・メンデンホールという物理学者は、シェイクスピアの戯曲の40万語とベーコンの著作の20万語それぞれに使われている単語の長さの出現度数を調べた。その結果、シェイクスピアはアルファベット4文字の単語を最も多く使っているのに対し、ベーコンは3文字の単語を最もよく使っていることを示し、ベーコン説を否定した。これは、著者推定に統計的手法を応用した最初の研究として重要である。もっとも、この結果は韻文と散文を区別せずに単純に比較してしまったためではないかという指摘もある。また、1990年代に行われたコンピュータを用いた分析でも、シェイクスピア本人の執筆だとする研究もあれば、マーロウ原作だという結果が出た研究もある。コンピュータを使えば正解が得られるとは限らず、データの選定や解釈が重要であることは変わらないこともよくわかる。

難読文字や隠された文字の解読

経年劣化や水濡《ぬ》れ、火災などにより、書かれた文字が判読しづらい本は珍しくない。撮影時のフィルターや光源を変えることで、さまざまな波長帯域で撮影し、顔料や絵の具の反応を記録するマルチスペクトルイメージングという手法による解読が進んでいる。

有名な事例に、アルキメデスのパリンプセスト写本がある。入浴中に浮力の原理を発見して「エウレカ！」と叫んだというエピソードで知られる、あの古代ギリシャの数学者アルキメデスには、『方法』という数学の著作がある。現存する唯一の写本は10世紀に書かれたものだが、13世紀に祈禱《きとう》書（お祈りの本）にリサイクルされてしまった。このように不要になった羊皮紙の写本や文書の表面の文字を削り取るなどして別の写本に再利用することがあり、このように作られた写本は、重ね書きされたという意味でパリンプセストと呼ばれる。中世は本の数が少なく貴重だったことを考えると意外かもしれないが、丈夫で長持ちする書写材料としての羊皮紙を大切に使ったということだろう。このとき、通常は半分に切ってから折丁を作って使うため、後から書かれた文字は90度回転した向きとなる。通常光の下で肉眼に見えるのは後から書かれた文字だけだが、羊皮紙の中には元の文字のインクが潜《ひそ》んでいる。中世の没食子インクにはタンニン成分が含まれ、そこだけ皮がなめされた革の状態に変化しているからである。この解読プロジェクトでは、異なる波長の光を当てて撮影するマルチスペクトルイメージングを行い、画像処理することで隠れた文字を読み取ったのである。

さらに、**図10**のように、20世紀になって写本の価値を高めるべく追加された挿絵が一面に描かれてしまったページもある。金箔のおかげで画像処理では文字を読み取ることができない。そこで、インクの成分に鉄が含まれていることに着目し、粒子加速器で蛍光X線を当て、ページ上の色々な成分から放出されるX線光子を検知し、鉄の分布図から文字を読み取る「元素X線エリアマップ」という方法によって解読が進められた。図10では後か

図10　1938年以降に描かれた絵がテキストを覆い隠しているページ（部分、横向き）

図11　同じページから読み取った「鉄の分布図」

出典：X-ray Fluorescence Imaging of the Archimedes Palimpsest.
https://www.archimedespalimpsest.org/about/imaging/xray-flourescence.php

ら描かれた絵がテキストを覆《おお》い隠してしまっているが、同じ箇所の鉄の分布図を示したのが**図11**であり、水平方向にギリシャ文字が並んでいるのがわかる。詳しい手法とその成果については、中心的な研究者による概説書の邦訳で読むことができる。[*8] その著者によるTEDトークプレゼンテーション動画（日本語字幕付き）もわかりやすい。[*9] この解読プロジェクトは、資料の重要性もさることながら、撮影画像や解読結果のテキストデータを誰もが自由に使える形で公開した初期の目覚《めざ》ましい事例としても注目を集めた。

暗号の解読

文字が物理的には見えるものの、意味は隠されている、つまり、暗号で書かれているという場合もある。1490年代後半にヨハネス・トリテミウス（Johannes Trithemius）という聖職者が書いた『ステガノグラフィア（Steganographia）』という未完の暗号論は、一見すると天文学や神秘的な儀式について書かれており、そのままでも意味が通るのだが、表面

＊8　リヴィエル・ネッツ、ウィリアム・ノエル『解読！　アルキメデス写本：羊皮紙から甦った天才数学者』光文社、2008。

＊9　https://www.ted.com/talks/william_noel_revealing_the_lost_codex_of_archimedes

上の意味に加え、暗号の作成方法が隠されていると考えられていた。長らく未解読であったが、500年後の1998年にジム・リーズ（Jim Reeds）がコンピュータを使った解読に成功し、トリテミウスが第二次世界大戦で使われたエニグマと同種の暗号作成システムを考案していたことを明らかにした。[*10]

コンピュータの助けがあっても、中世の暗号がすべて解読されているわけではない。17世紀の科学者は、自らの発見の優先権は主張したいが、論文としてまとめておらず詳細はまだ公にしたくないというときに、暗号文を公表するという手段をとることがあった。あのガリレオも、土星の発見についてケプラーにアナグラムという文字の順番を入れ替える方式の暗号を使った手紙を送ったことがある。ケプラーはその手紙を解読できなかったが、ガリレオは後に正解を解説している。著者がそれほど親切ではなく未解読のままである例として、ミヒャエル・ファン・ラングレンのダークレターがある。彼は正確な経度を計算する方法を発見し、スペイン王家のイサベル王女に報告したが、その際に暗号の手紙という形式をとった（次ページの**図12**の大文字Iから始まっている部分）。この手紙は2009年

*10　Reeds, Jim. Solved: The ciphers in Book III of Trithemius's Steganographia. Cryptologia. 1998, vol. 22, no. 4, p. 291-319.

に多くの暗号解読者に挑戦状として送られたそうだが、『データ視覚化の人類史』によるといまだ解読されていないという。

　このように見てくると、誰も解読できず、暗号で書かれているのかもしれないヴォイニッチ写本を前にしたときに、データサイエンスの手法と本についての専門知識を融合して取り組もうとするのは、自然なことだと思える。次章では、クラスタリングという手法を用いた著者らの取り組みを紹介する。

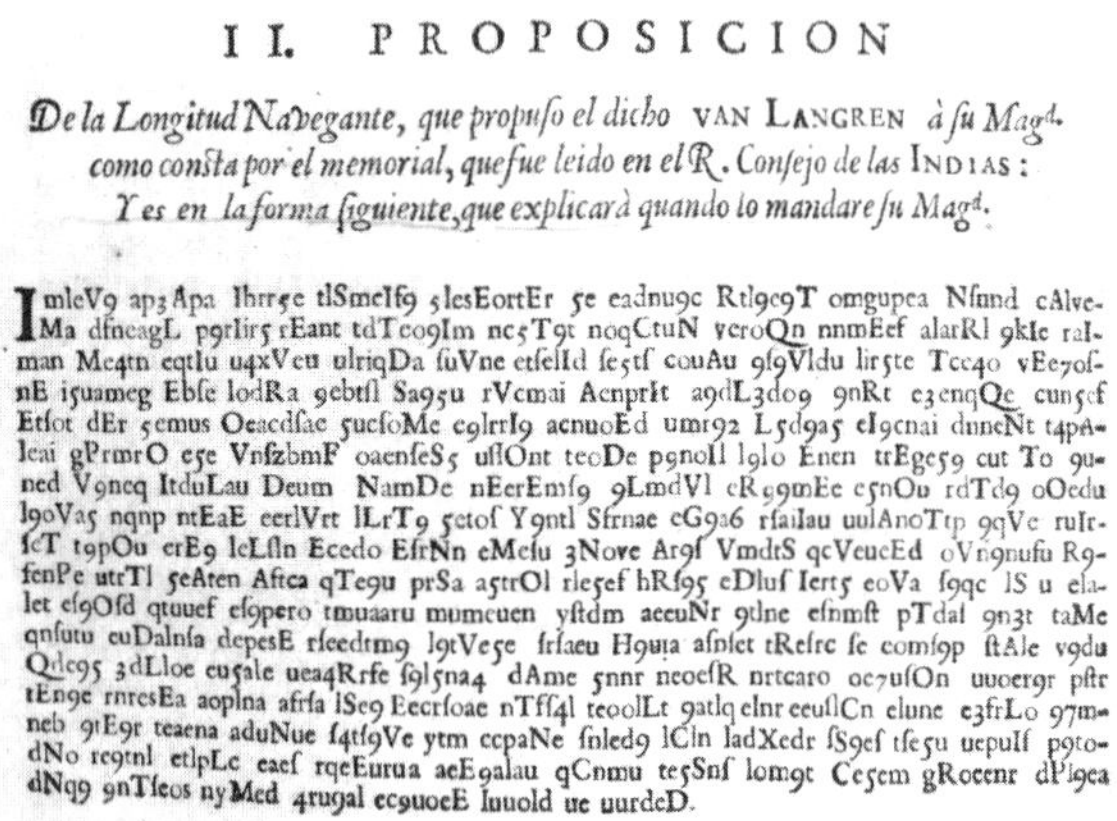

II. PROPOSICION

De la Longitud Navegante, que propuſo el dicho VAN LANGREN *à ſu Magd. como conſta por el memorial, que fue leido en el R. Conſejo de las* INDIAS*: Y es en la forma ſiguiente, que explicarà quando lo mandare ſu Magd.*

ImleV9 ap3Apa lhrr5e tlSmclſ9 5lesEortEr 5e eadnu9c Rtl9c9T omgupea Nſnnd cAlve-
Ma dſneagL p9rlir5 rEant tdTco9Im nc5T9t noqCtuN veroQn nnmEef alarRl 9kIc ral-
man Mc4tn cqtlu u4xVeu ulriqDa ſuVne etſelld ſe5tſ couAu 9ſ9Vldu lir5te Tcc4o vEe7oſ-
nE i5uameg Ebſe lodRa 9ebtſl Sa95u rVcmai Acnprlt a9dL3do9 9nRt e3enqQe cun5ef
Etſot dEr 5emus Oeacdſac 5ucſoMe c9lrrl9 acnuoEd umr92 L5d9a5 eI9cnai dnneNt t4pA-
leai gPrmrO e5e VnſzbmF oaenſeS5 uſlOnt teoDe p9noll l9lo Enen trEge59 cut To 9u-
ned V9neq ItduLau Deum NamDe nEerEmſ9 9LmdVl eR99mEe c5nOu rdTd9 oOedu
l9oVa5 nqnp ntEaE eerlVrt lLrT9 5etoſ Y9ntl Sfrnae eG9a6 rſailau uulAnoTtp 99Ve rulr-
ſcT t9pOu erE9 leLſln Ecedo EſrNn eMeſu 3Nove Ar9ſ VmdtS qcVeucEd oVn9nufu R9-
fenPe utrTl 5eAten Aftca qTe9u prSa a5trOl rle5ef hRſ95 eDluſ Iert5 eoVa ſ9qc lS u ela-
let eſ9Oſd qtuuef eſ9pero tmuaaru mumeuen yſtdm aeeuNr 9tlne eſnmſt pTdal 9n3t taMe
qnſutu euDalnſa depesE rſeedtm9 l9tVe5e ſrſaeu H9uia aſnlet tRelrc ſe comſ9p ſtAle v9du
Qde95 3dLloe eu5ale uea4Rrfe ſ9l5na4 dAme 5nnr neoeſR nrtearo oe7uſOn uuoer9r pſtr
tEn9e rnresEa aoplna afrſa lSe9 Eecrſoae nTſſ4l teoolLt 9atlq elnr eeuſlCn elune e3frLo 97m-
neb 9tE9r teaena aduNue ſ4tſ9Ve ytm ecpaNe ſnled9 lCln ladXedr ſS9eſ tſe5u uepulſ p9to-
dNo re9tnl etlpLe eaeſ rqeEurua aeE9alau qCnmu te5Snſ lom9t Ce5em gRoeenr dPl9ea
dNq9 9nTſeos nyMed 4ru9al ec9uoeE luuold ue uurdeD.

図12　ファン・ラングレンの未解読の暗号文による経度の計算方法

出典：van Langren, Michael Florencio. La verdadera longitud por mar y tierra. Antwarp, 1644, p. 8. https://archive.org/details/ayer_qb_225_l36_1644/page/n15/mode/2up

第4章 クラスタリングによる分析：解読の可能性そのものを判定する

1 解読の可能性の判定

ヴォイニッチ写本がこれだけ多くの人を惹きつける理由として、読めそうで読めないという要素は大きいだろう。著者らがヴォイニッチ写本に関心を持ったきっかけは、ラグがローテクで人工的に作ったデタラメな文書がヴォイニッチ写本と同じような特徴を持ちうることを主張した研究を知ったことだった。従来の研究がヴォイニッチ写本の特徴から解読を試みていたのとは異なる観点からの取り組みで非常に興味深い。とはいえ、すぐさまヴォイニッチ写本の内容もデタラメであると結論付けられるわけではない。

そこで我々はさらに異なる方向から取り組むこととし、ヴォイニッチ写本は本当にデタラメでそもそも読むことができないのか、それとも今は読めないだけで理論上は解読可能なのかという解読可能性を判定する手法を考案した。回り道のように思えるかもしれないが、それがはっきりすれば、解読に努力を傾注すべきかどうかを判断できる。また、図書館や好事家が、同じような読めない写本の購入の可否を決めるときの今後の判断材料にもなるだろう。実際、ヴォイニッチは生前にはとうとう写本を売却することができなかったのである。

この手法はシンプルな発想に基づく。解読可能ということは、言い換えれば、意味があるということである。経験的に、意味があるテキストならば、近いページ（たとえば次ページ）の内容は、遠いページ（たとえば100ページ先）の内容よりも近い。内容の近さは使われている文字や単語の類似度から判断できるため、クラスタリングという手法を用いた。

同時に、経験的に、文の内容が似ていれば図や挿絵も似ていると予想できる。たとえば本書でいえば人物の写真は写本発見の経緯から述べる第1章にはあるが他の章にはなく、ヴォイニッチ写本の図はデータサイエンスと古い本の関係を一般的に扱う第3章には出てこないが、既往研究をまとめた第2章には多い。

クラスタリング

クラスタリングとは、データの類似度に基づいて対象をグループに分ける機械学習の一種である。グループのひとつひとつをクラスターと呼ぶ。グループ分けの正解（教師）がわからないデータ群についても処理できることから、機械学習の中でも「教師なし学習」という。クラスタリングの結果として導かれた各クラスターがどのようなまとまりなのかという解釈は示されないため、調査者がクラスター内のデータを見ながら各クラスターの特徴を判断して適切なラベルを付ける必要がある。なお、機械学習には予めグループ分けの正解がわかっている場合に、正解を教師として教師あり学習を行う手法もある。

クラスタリングの技法はさまざまな分野で使われている。たとえば、SNS（ソーシャルネットワーキングサービス）に投稿されたテキストをクラスタリングして多様性を分析する研究や、ニュース記事をキーワードと公開日でクラスタリングして同じ出来事についての報道をまとめる（日本経済新聞の法人向けサービスで実装されている）、映像から人の顔の特徴点を抽出してクラスタリングすることで顔認証を行う、企業が自社製品の購入者の購買データをクラスタリングした結果に基づき新しい商品を推薦するなど、多様である。筆者らが専門とする図書館情報学においても、本や論文などの文書の集合を似た内容のグループに分ける文書クラスタリングに関する研究には長年の蓄積がある。そこで、クラスタリングの技法に関するさまざまな研究成果をまとめた論文（レビュー論文という）を参考に、実験の手順を考えた。[*1]

＊1　岸田和明「文書クラスタリングの技法：文献レビュー」Library and information science. 2003, no. 49, 33–75.

2 実験の手順

全体の流れ

ヴォイニッチ写本はテキストデータが入手できるので、文書クラスタリングの手法をヴォイニッチ写本に適用しようと考えた。ただし、ヴォイニッチ写本と同じ文字で書かれた文書は見つかっていないため、文書同士を比較することはできない。そこで、文書（この場合は写本）同士を比べるのではなく、1ページを1文書とみなした。ヴォイニッチ写本のページ群をクラスタリングし、どのようなクラスターに分かれるのかを実験した。以下では、1ページのことを部分文書と呼ぶ。

実験の手順は次の通りである。データサイエンスの立場から写本研究に取り組むとどのようなステップを踏むのか、イメージがつかめるだろう。具体的な計算式は省略した。詳細を知りたい場合は論文がウェブ上で無料公開されているので参照してほしい[*2]。

*2　安形輝、安形麻理「文書クラスタリングによる未解読文書の解読可能性の判定：ヴォイニッチ写本の事例」Library and information science. 2009, no. 61, p1–23.

①1ページごとに分けた部分文書同士の類似度を測定する。未解読のままでも、一定の規則に従って翻字されたテキストデータであれば通常のテキスト分類や情報検索の手法を応用できるとみなし、類似度を測定する。ページを部分文書の単位とするのは、恣意《しい》的な判断を最小限にするためである。

②手順①で算出した類似度をもとに、クラスタリングを行うことで、テキストデータによる文書構造を把握する。

③ページ順から得られる文書構造を手がかりとする。ページ順は写本制作時から部分的には変わっている可能性が指摘されてはいるものの、16世紀の筆跡でフォリオ番号が付けられていること、折丁記号[*3]が現在の折丁構成と一致していることから、おおよそは作成当時のページ順と同じだと考えてよい。

④挿絵からグループ分けを行う。ヴォイニッチ写本は、植物、天文、生物、十二宮図、薬草、レシピという6セクションに分けることが一般的である（**表1**）。未解読である

＊3　中世写本も現代の本も、1枚ずつばらばらの紙をまとめているわけではなく、複数のページが書かれたり印刷されたりした紙を、1回から複数回折った「折丁」と呼ばれる束から構成されている。丁が抜ければ落丁、順番が間違っていれば乱丁という。中世写本では、丁の最終ページの余白に製本の順番を示す一連の数字や記号を書くことが多い。

以上、あまり細かく分けることには妥当性がない。そこで、この6セクションを挿絵から得られる文書構造とする。

⑤手順①②で得られた文書構造を、手順③と④の文書構造とそれぞれ比較する。デタラメな内容であれば文書構造が一致しないため、一致の度合いが高ければ解読可能な文書、低ければデタラメな文書だと判断できる。

⑥クラスタリングの結果を評価する。デタラメな文書と、同時代の類似の写本の2種類を対象に比較実験を行い、文書構造の一致の度合いをヴォイニッチ写本と比較する。

テキストデータの類似度

手順①で行うテキストデータの類似度算出について具体的に説明しよう。まず問題になるのは、信頼できるテキストデータの入手である。我々はEVAという文字セットを用いた高橋健による全文翻字データを、ヴォイニッチ研究のデータをまとめたウェブサイトか

フォリオ番号	セクション	ページ数
第1葉表〜65葉裏	植物（Plant）	116
第66葉表〜73葉裏	天文（Astoro.）	26
第75葉表〜84葉裏	生物（Bio.）	20
第85葉表1〜86葉裏6	十二宮図（Zodiac）	6
第87葉表〜102葉裏2	薬草（Herb.）	32
第103葉表〜116葉表	レシピ（Recipe）	23
	合 計	223

表1　挿絵から推測されるセクション（ページ分けは高橋に従った）

ら入手して実験に用いた。[＊4] 第2章で見たように、現在はヴォイニッチ写本の機械可読型の翻字データは複数あるが、実験当時は全文を対象としていたのが高橋によるデータのみだったこと、ヴォイニッチ写本の画像と照合したうえで十分に信頼できることから選んだ。なお、第2章で見たように、文字の種類についてもさまざまな意見があるが、本手法であれば、翻字の仕方が文書中で一貫してさえいれば問題ない。

　このデータをページごとに切り分ける。ページごとのテキストデータファイル名は、わかりやすいように、セクション名（または略称）とフォリオ番号とする。たとえば、第2葉表は植物セクションなので「Plant_f2r」、その裏は「Plant_f2v」、第75葉表は生物セクションなので「Bio_f75r」のように表す。文字がほとんどないページも含めると223ページあるので、223ファイルができる。

＊4　Stolfi, Jorge. Reeds/Landini's interlinear file in EVA, version 1. 6e6. Bem-vindo ao Instituto de Computação da UNICAMP, http://www.dcc.unicamp.br/~stolfi/voynich/98-12-28-interln16e6/. 現在はこのURLではアクセスできないが、インターネット・アーカイブのWayback machineには2013年1月16日までアーカイブされている。

トークン化

テキスト処理を行う際の最小単位を「トークン」という。**図13**の第1葉裏の画像データと**図14**の高橋による翻字データからわかるように、ヴォイニッチ写本は英語などと同様に空白で単語が分かち書きされている（ように見える）。空白は高橋による翻字データではピリオド（.）で示されているので、ピリオドで区切られた文字列をトークンとした。図14でいえば、kchsy, chadaiin が一つ一つのトークンとなる。「{plant}」という単語がはっきり読み取れてうれしくなるが、このように{　}で囲まれた部分は翻字者による注釈であって、ここでは植物（plant）の挿絵があるという説明であり写本の本文ではないため、データから削除した。

同じ語は何度出てきても1トークンと数えた。そ

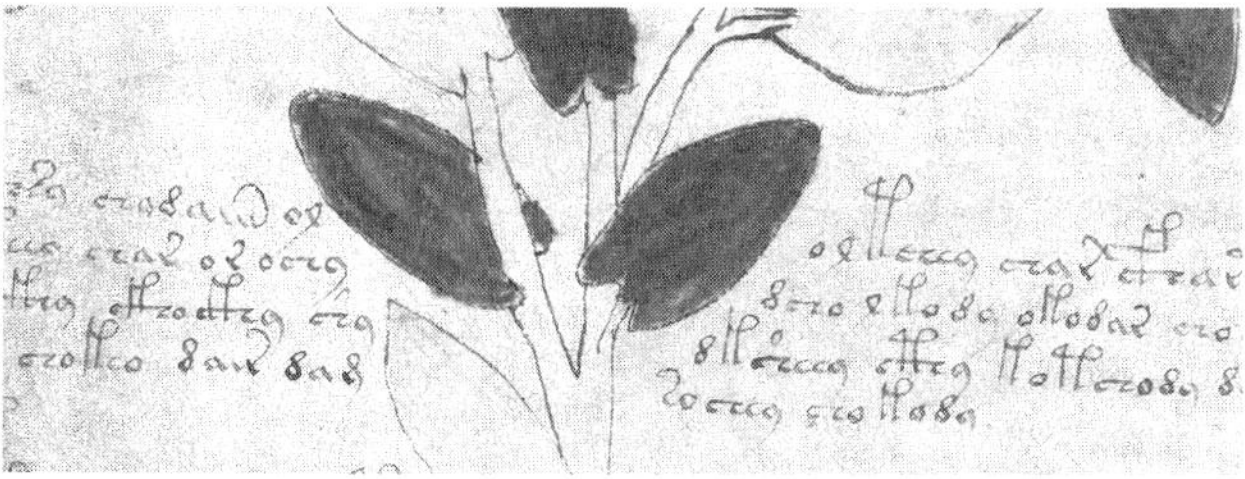

図13　ヴォイニッチ写本の第1葉裏の画像（部分）

出典：Beinecke Rare Book and Manuscript Library, Yale University Library, MS408, f. 1v.

<f1v.P.1;H>　kchsy.chadaiin.ol-{plant}oltchey.char.cfhar.am-
<f1v.P.2;H>　yteeay.char.or.ochy-{plant}dcho.lkody.okodar.chody-
<f1v.P.3;H>　d!o.ckhy.ckho.ckhy.shy-{plant}dksheey.cthy.kotchody.dal-
<f1v.P.4;H>　dol.chokeo.dair.dam-{plant}sochey.chokody=

図14　対応する翻字データ

出典：Stolfi, Jorge. Reeds /Landini's interlinear file in EVA, version 1. 6e6. Bem-vindo ao Instituto de Computação da UNICAMP, http://www.dcc.unicamp.br/~stolfi/voynich/98-12-28-interln16e6/

の結果、異なり単語数（トークン数）は7907語、1単語は平均5・0文字、1ページあたりの平均単語数は166・0語となったが、文字数はページによるばらつきが大きい。

トークンに対する重み付け

トークンは、そのまま類似度の計算に使うのではなく、TF-IDFによる重み付けを行う。TF-IDFとは、語の出現頻度（term frequency: TF）と逆文書頻度（inverse document frequency: IDF）を使うという、情報検索において定番の手法であるが、これまでのヴォイニッチ写本の分析では適用されてこなかった。文書頻度とはこの実験ではページ頻度を指す。たとえば本書では、第3章には「データサイエンス」という語が頻出するが、第2章には1回しか出てこない。一方、「研究」や「ヴォイニッチ写本」はどの章にもよく出てくるので、内容の違いを知るうえでの手がかりにはならない（他の本との違いを知る手がかりにはなる）。「データサイエンス」のように手がかりになりそうな特定性の高い語（特異語）に重みを付けられるのが、TF-IDFである。

ページ同士の類似度算出

重み付けしたトークンのデータを用いて、すべてのページ（部分文書）同士の類似度を計算する。まず、1ページ目と2ページ目、1ページ目と3ページ目……1ページ目と25ページ目というように、1ページ目と他の全ページのペアの類似度を計算する。次に2ページ目と3ページ目、2ページ目と4ページ目……と、全ページ同士のペアについて計算していく。

次にキャンベラ距離を用いて非類似度（距離）行列を作成する。類似度の算出方法も複数あり、大規模な文書を対象にする場合にはユークリッド距離やコサイン相関係数を使うことが多いが、ヴォイニッチ写本のデータは比較的小規模である。キャンベラ距離は値が小さく差が少ないデータ同士に対しても感度が高いとされているため、本実験に適していると考え採用した。

クラスター分析手法

手順②のクラスタリング手法は、結果をデンドログラムという樹形図で表現する階層型と非階層型に大別できる。階層型では上位下位の関係が示されるため構造がわかりやすく、また階層ごとに分析できるため、ヴォイニッチ写本には階層型クラスタリング手法を適用した。

ページ同士の距離行列から、凝集型の階層型クラスタリング手法を適用した。データを一つだけ含むクラスターがある状態（今回はページごとの223個のクラスターがある状態）から始め、距離が最も小さいクラスター同士を併合し、その結果に基づいて距離行列を再計算するというステップを繰り返し、最終的に一つのクラスターになるまで繰り返す。なお、逆に一つのクラスターから出発し、最終的に個々のクラスターに分割していく分割型という技法もあるが、本研究では構造の有無を見るために凝集型を採用した。クラスターの連結手法としては、単連結法、完全連結法、群平均法、重心法、ウォード法が一般的である。今回は、この5手法すべてを試した上でウォード法を選択した。

ページ順に基づく分析方法

近いページ同士は遠いページよりも内容が近いかどうかもデータで検証した。まず、各ページ同士についてページ数の差の絶対値（たとえば1ページ目と3ページ目なら2）を算出した。これと手順①で算出したページ間の内容の類似度との関係を見る。

クラスタリングの評価

実験結果をどのように評価するか、つまりどのくらい成功しているのかを判断する尺度を先に決めておかなければならない。未解読文書なのでどういうクラスターができていれば「正解」とするかが難しいところだが、挿絵から推定される6個のセクション分けを正解集合とみなしてよいだろう。

評価尺度としては、標準的なエントロピー、純度、Fスコアを用いた。エントロピーとは、あるクラスター内の文書がある正解集合に含まれる確率を基に、そのクラスターに含まれるデータ数に応じた重み付け平均をとったものである。たとえば、植物の絵があるページが、植物セクションの他のページと同じクラスターにまとまっている確率である。値は0から1で表現され、0に近いほど良好な結果、1に近いほど悪い結果であることを示す。

純度は、あるクラスター内の文書がある正解集合に含まれる確率を足し合わせ、その重み付け平均をとったものである。値が高いほど良い結果であることを示す。各クラスターの純度を計算してから、エントロピーと同じようにデータ数に応じた重み付け平均をとる。

Fスコアは、F尺度という情報検索で使われる伝統的な尺度に基づく。F尺度とは、特定のクラスターと正解集合の組み合わせごとに、再現率と精度の調和平均をとったものである。再現率は網羅性を示すもので、ある正解集合の中の文書（たとえば植物の絵があるページ）があるクラスター（植物セクションのクラスター）に属す確率、つまり正解をどのくらい見つけられたかを示す。精度は、あるクラスター中の文書（植物セクションのクラスターに含まれているページ）がある正解集合（植物の絵があるページ）に属する確率、つまり見つけたものの中に正解がどのくらいあるかを示す。再現率と精度はトレードオフの関係にあり、再現率を高めると精度は下がり（たくさん見つかるがノイズも多い）、精度を高めると再現率は下がる（見つかったものは正しいが、もっとあるはずの正解を見逃している）。各正解集合のF尺度が最大となるクラスターを取り出し、その重み付け平均を算出したものがFスコアである。エントロピーとは逆で、0に近いほど悪い結果、1に近いほど良好な結果であることを示す。

3 実験の結果

ページ同士の内容の類似度

距離行列は全体では223列×223列の表となるので、**表2**には冒頭の数ページ分だけを示した。前述のように、値が小さいほど、ページのテキストデータの類似度が高いことを示す。同じページ（たとえばPlant_f1r同士）は当然0となるので、無視してよい。

最初のページPlant_f1rはどのページとの距離もすべて7907・0と最大であり、他のページと同じトークンがまったく出現しない。これが特殊なページであることを強く示唆《しさ》する結果である。見た目からして挿絵がなく、本文の他のページとは違う印象を受ける。たとえば、本文が暗号なのであれば暗号の鍵である、別の人が他のペ

	Plant_f1r	Plant_f1v	Plant_f2r	Plant_f2v	Plant_f3r	Plant_f3v	Plant_f4r
Plant_f1r	0.0	7907.0	7907.0	7907.0	7907.0	7907.0	7907.0
Plant_f1v	7907.0	0.0	7615.7	7619.0	7570.8	7635.8	7713.6
Plant_f2r	7907.0	7615.7	0.0	7417.2	7448.5	7456.9	7636.9
Plant_f2v	7907.0	7619.0	7417.2	0.0	7401.2	7642.5	7556.3
Plant_f3r	7907.0	7570.8	7448.5	7401.2	0.0	7345.5	7502.9
Plant_f3v	7907.0	7635.8	7456.9	7642.5	7345.5	0.0	7566.8
Plant_f4r	7907.0	7713.6	7636.9	7556.3	7502.9	7566.8	0.0
Plant_f4v	7907.0	7710.8	7386.3	7314.0	7643.0	7346.1	7645.9
Plant_f5r	7907.0	7563.3	7370.5	7384.4	7250.0	7424.8	7582.3
Plant_f5v	7907.0	7686.2	7563.8	7577.5	7037.6	7554.8	7771.5
Plant_f6r	7907.0	7719.0	7664.2	7472.5	7175.2	7584.6	7515.7
Plant_f6v	7907.0	7660.0	7588.8	7370.4	7617.2	7591.1	7628.6
Plant_f7r	7907.0	7579.0	7165.7	7436.9	7564.4	7449.3	7625.3
Plant_f7v	7907.0	7647.9	7660.7	7595.5	7403.6	7372.3	7713.9

表2　ページ間の距離行列（一部）

ージに似せて後から追加したテキストである、といった可能性が考えられるだろう。

挿絵によるセクション構造との比較

挿絵から推測される文書構造との関係を見てみよう。同じセクションに分類されるページ同士の類似度を見るために、距離行列を平均したものを**表3**に示した。数値が小さい、つまり類似度が最も高いものを太字にしてある。たとえば植物セクションのページ同士の距離を平均すると7643・7であり、天文セクションのページとの平均7744・7、生物セクションのページとの平均7711・9などより小さい。つまり、植物セクションのページ同士が最も類似度が高いことを示している。植物、天文、生物、薬草、レシピの5セクションについては、いずれも同一セクションに含まれるページ同士の類似度が高いという結果となった。挿絵から推測される大まかなページ構造とテキストデータが示す構造が一致したといえる。つまり、同じ種類の挿絵があるページ同士は、テキストの内容も近いことを示している。

	植物	天文	生物	十二宮図	薬草	レシピ
植物	**7643.7**	7744.7	7711.9	7699.3	7698.4	7716.8
天文	7744.7	**7659.0**	7731.7	7691.9	7717.4	7697.6
生物	7711.9	7731.7	**7013.0**	**7401.0**	7660.6	7307.3
十二宮図	7699.3	7691.9	7401.0	7445.2	7656.5	7419.9
薬草	7698.4	7717.4	7660.6	7656.5	**7635.9**	7639.9
レシピ	7716.8	7697.6	7307.3	7419.9	7639.9	**7203.7**

表3　セクション内ページ間の距離行列の平均

十二宮図セクションだけは、距離の平均が最も小さいのは生物セクションとなってしまい、構造が一致しなかった。しかし、十二宮図セクションにはテキストがほとんど含まれず、しかも6ページしかないために、テキスト処理を適切に行うことができなかったことによると考えられる。

ページのクラスタリング結果

ページ同士の距離行列に基づき、ページのクラスタリングを行った。ここでは、分類精度が最も高いといわれるウォード法によるクラスタリング結果のデンドログラムを使って説明する。**図15**が全体の結果を示したものである。左に並んでいるのは各ページのデータであり、線でつながっているのが一つ一つのクラスターである。全体としては、同じような挿絵が付いたページの内容は類似度が高く、テキストデータの文書構造と挿絵やページ順から導かれる文書構造が一致するという結果が得られた。では具体的にどのようなクラスターに分かれたのかを見てみよう。

ある高さでデンドログラムを分割すると、3クラスターに分けられる。その1つ目を図16に示した。一番上のクラスターには、レシピ（Recipe）と生物（Bio）のセクションのペ

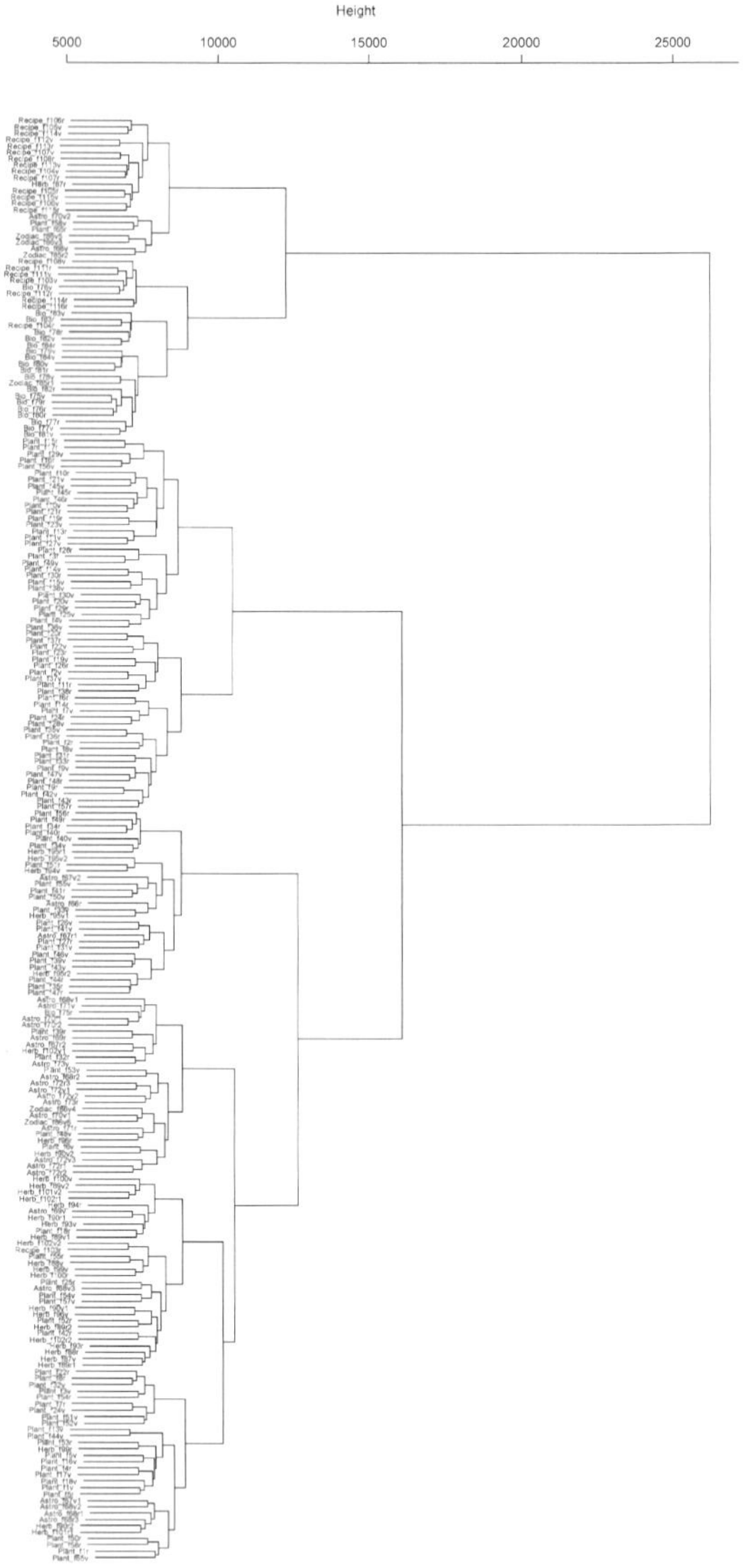

図15　クラスタリング結果のデンドログラム

ージがほぼまとまっており、ごく少数の植物（Plant）、天文（Astro）、十二宮図（Zodiac）のページも含まれている。真ん中のクラスターは、すべて植物セクションのページだった。3つ目のクラスターには、植物、薬草、天文セクションの各ページが混ざっており、十二宮図が1ページだけ入っている。

セクション別に見てみると、生物とレシピの2セクションは、ほぼ同じセクションのページのみから構成されるクラスターにまとまった。**図16**のクラスターは、さらに2つに分割できるが、上のクラスターにはレシピ、下には生物セクションのページが多くまとまっていることがわかる。十二宮図はごく一部はまとまっているものの全クラスターに分散しており、これは前述したようなテキストデータの少なさによるものだろう。

植物と薬草に関しては、同じセクショ

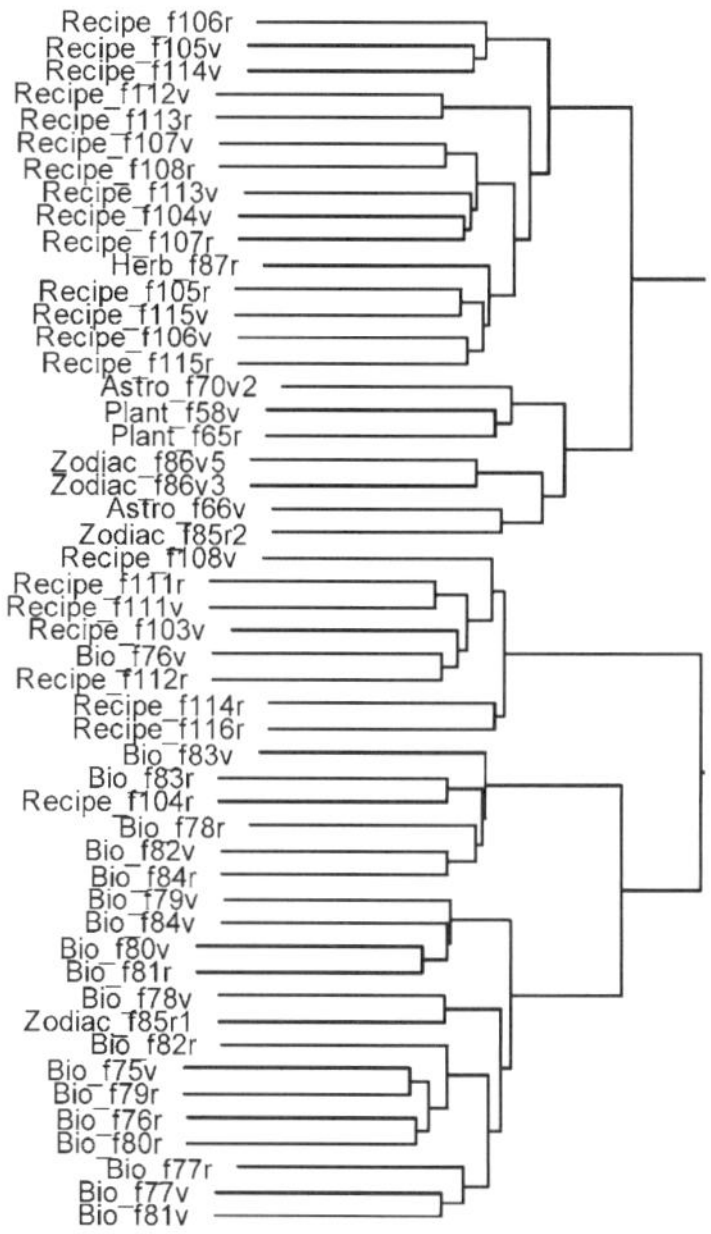

図16　図15の上のクラスター

ンのページ群でまとまったのは半分程度で、残りはその2つが混在したクラスターとなった。挿絵として見たとき、植物セクションには全体図、薬草セクションには根などの部分図が描かれており、図そのものが類似していることから、本文の特徴が似ても不思議ではない。

逆にいえば、もし中世に何らかのアナログな手法を用いて無作為にデタラメなテキストを作成したとすると、セクションごとの類似度をここまで自由に操作することがはたして可能だったのかという疑問が出てくる。つまり、どのようなテキスト処理と分析が行われるかが予想できなかった中世において、自然言語的な特徴を持ち、ページごとのテキストデータが挿絵によるセクションごとに類似し、かつ、似た挿絵を持つがページとしては離れている植物と薬草のセクション同士の類似度も高いというような文書を、無作為になるように作成できたとは考えにくい。植物と薬草セクションの混在は、意味を持たないデタラメだとするラグの説に対する有力な反証となる。

また、ページ順との対応関係を見ると、類似度が高いページ間ではページ間距離が小さい、つまり、物理的に近くにある傾向が見られた。クラスタリングの結果では、比較的近いページ同士が同じクラスターにまとまる傾向が見られた。図16のレシピセクションを例にとると、テキストの類似度が高い連続する2ページが最初に併合されたクラスターとして、第107葉裏と第108葉表、第111葉表と第111葉裏、第112葉裏と第113葉裏が挙げられる。ページ順との対応については、他の種類と比較した方がわかりやすいため、後述する。

4　クラスタリング結果の評価と比較

比較対象

このクラスタリング結果をどう評価したらよいだろうか。標準的な3つの評価尺度を使うという方針は立てたわけだが、他のものと比較しなくては、評価尺度の値そのものをどうとらえるべきかわからない。そこで、文書構造を持たないデタラメなテキストとしてラグが無作為になるよう作成したソフトウェア版偽ヴォイニッチ写本（以下、偽ヴォイニッチ写本と呼ぶ）、および、文書構造を持ち内容に意味がある中世の普通に読める写本を対象として、同じ実験を行った結果と比較した。

偽ヴォイニッチ写本のデータは、3章に分けられ、総語数は1950語である。[*5] ラグは章ごとにソフトウェア的にカルダーノ・グリルないしテーブル自体を変更しているので、章ごとにテキストの傾向が異なるはずであるから、異なるセクションとみなしてよいだろ

＊5　データはヴォイニッチ写本研究者 Stolfi のウェブサイトから公開されている。http://www.dcc.unicamp.br/~stolfi/voynich/Notes/tr-stats/dat/voyp/grs/tot.1/raw.evt

う。ヴォイニッチ写本は1ページあたり平均166語なので、同じく166語前後になるよう分割したところ、3セクション12ページ（各セクションが4ページずつ）となった。

文書構造がある比較対象としては、主題が異なるセクションに分かれている、一定以上の長さがある、一人の作者による著作である、テキストデータが入手できる、ヴォイニッチ写本と内容的に同じジャンルだと想定される科学や錬金術に関する中世の写本である、という条件を満たす必要がある。そこで、フランスのフランシスコ会修道士であったルペシッサのヨハネス（1310－1362）が書いた錬金術的要素が強い医学書『全ての事物の第五精髄についての考察書（Liber de consideratione de quintae essentiae omnium rerum)』の中世英語翻訳版の写本を選定し、グラスゴー大学図書館が所蔵する写本（GB 247 MS Ferguson 205）のテキストデータを対象とした。[*6] 書名が長いので、以下では『第五精髄』と呼ぶ。テキストはカノンに分けられ、それぞれ異なる主題が扱われている。クラスタリングの難易度が同程度になるように、この写本の本文から、第一の書の最初の6セクションにあたる第1葉表から第16葉表までの31ページ分のテキストデータを用いた。ページの途

＊6　次のＣＤ－ＲＯＭ所収の翻刻データを用いた。
Taavitsainen, Irma; Pahta, Paivi; Mckinen, Martti. Middle English Medical Texts. John Benjamins Pub Co., 2005.（CD-ROM）

中で次のセクションが始まる場合は2ページに分割したため、総ページ数としては36ページになった。

比較対象についてもヴォイニッチ写本と同様の手順で、注釈等の除去、ページごとの部分文書への分割、ページごとのトークンの重み付け、類似度算出、階層型クラスタリングを適用した。3種類の文書の基本統計は**表4**に示した通りである。

クラスタリングの評価と比較結果

クラスタリングの結果をセクション数に応じて分割し、セクションを正解集合として、エントロピー、純度、Fスコアという3つの評価尺度を算出した。**表5**に、3文書の評価を示した。

偽ヴォイニッチ写本はセクション数が3と一番少なく、クラスタリングの課題としては難易度が低いにもかかわらず、エントロピーは0・97とほぼ1に近く、他の2文書と比較して非常に悪い結果となっている。純度とFスコアは1に近いほど良好であることを示すが、他の2文書よりも悪い結果を示し

	ヴォイニッチ写本	偽ヴォイニッチ写本	第五精髄
異なり語数	7,907	635	1,960
単語数	37,359	1,950	10,402
ページ数	225	12	36
1ページの平均単語数	166.0	162.5	288.9
平均単語長	5.0	5.5	4.3
セクション数	6	3	6

表4　3種類の写本の基本統計

ている。つまり、すべての評価尺度において、部分文書クラスタリングが成功していない。筆者らはデタラメな文書には何の構造も期待できないと予想していたので、その通りの結果だといえる。

一方、『第五精髄』のエントロピーは0・39、純度は0・64、Fスコアは0・60といずれも良い値を示している。『第五精髄』と偽ヴォイニッチ写本の評価を比較すると、クラスタリング分析によって、真正な文書はセクションごとに内容がまとまっているため文書構造を明らかにできる一方、デタラメな文書には構造がないことから、デタラメなものとは明確に区別できることがわかる。

肝心のヴォイニッチ写本について確認すると、3つの評価尺度のいずれにおいても、『第五精髄』と同様の値となっている。つまり、『第五精髄』と同じく、セクションに応じた文書構造があることを示している。もしヴォイニッチ写本が暗号で書かれているとしても、複式換字式のように途中で変換方式が変化していくのではないことになる。その場合には、セクションごとのまとまりは生じないはずだからである。一方、単純な暗号であれば、これまでの幾多の取り組みの中でとっくに解読されているはずである。これらを考え合わせると、ヴォイニッチ写本のテキストは、

	ヴォイニッチ写本	偽ヴォイニッチ写本	第五精髄
エントロピー	0.40	0.97	0.39
純度	0.71	0.42	0.64
Fスコア	0.57	0.41	0.60

表5　クラスタリング結果の評価

暗号ではなく、フリードマンらが示唆したように、既存の言語体系に依《よ》らない人工言語または未知の言語で書かれた可能性が高いと考えられる。

ページ順の比較

ページ同士のテキストの類似度とページ間距離の関係を見ると、ヴォイニッチ写本と『第五精髄』では、内容的な類似度が高いページ同士はページの物理的な位置も近かった。一方、偽ヴォイニッチ写本にはそうした傾向は見られなかった。

ページ同士の類似度の上位20位と下位20位の平均ページ間距離を**表6**に示した。これを見ると、偽ヴォイニッチ写本では上位でも下位でも3・90、総ページ数で正規化しても0・33と差はないことから、デタラメな文書ではページ順との対応関係がないことがわかる。対照的に、ヴォイニッチ写本と『第五精髄』では上位と下位の間に大きな差があり、テキストの類似度が高いページ同士のページ間距離は非常に短い、つまり物理的に近い。ページ順の比較からも、ヴォイニッチ写本は『第五精髄』などの内容に意味があるテキストと同じ性質を持っていると考えられる。

このように我々の研究からは、ヴォイニッチ写本のテキストをページごとに比較すると、同じ種類の挿絵があるページ同士のテキストの類似度が高く、テキストの類似度が高いページは物理的にも近いという結果が得られた。テキストの文書構造、挿絵から推測される文書構造、ページ順による文書構造が一致することから、ヴォイニッチ写本は文書構造を持っており、理屈のうえでは、正しい手がかりさえあれば解読することが可能だと結論付けることができる。

	ヴォイニッチ写本		偽ヴォイニッチ写本		第五精髄	
類似度	上位20位	下位20位	上位20位	下位20位	上位20位	下位20位
平均類似度	6607.8	7903.6	571.5	627.1	4074.4	4752.5
平均ページ間距離	6.80	73.55	3.90	3.90	2.75	60.50
総ページ数で正規化	0.03	0.33	0.33	0.33	0.03	0.56

表6　類似度の上位20位と下位20位の平均ページ間距離

第5章

ヴォイニッチ写本研究の意義と広がり

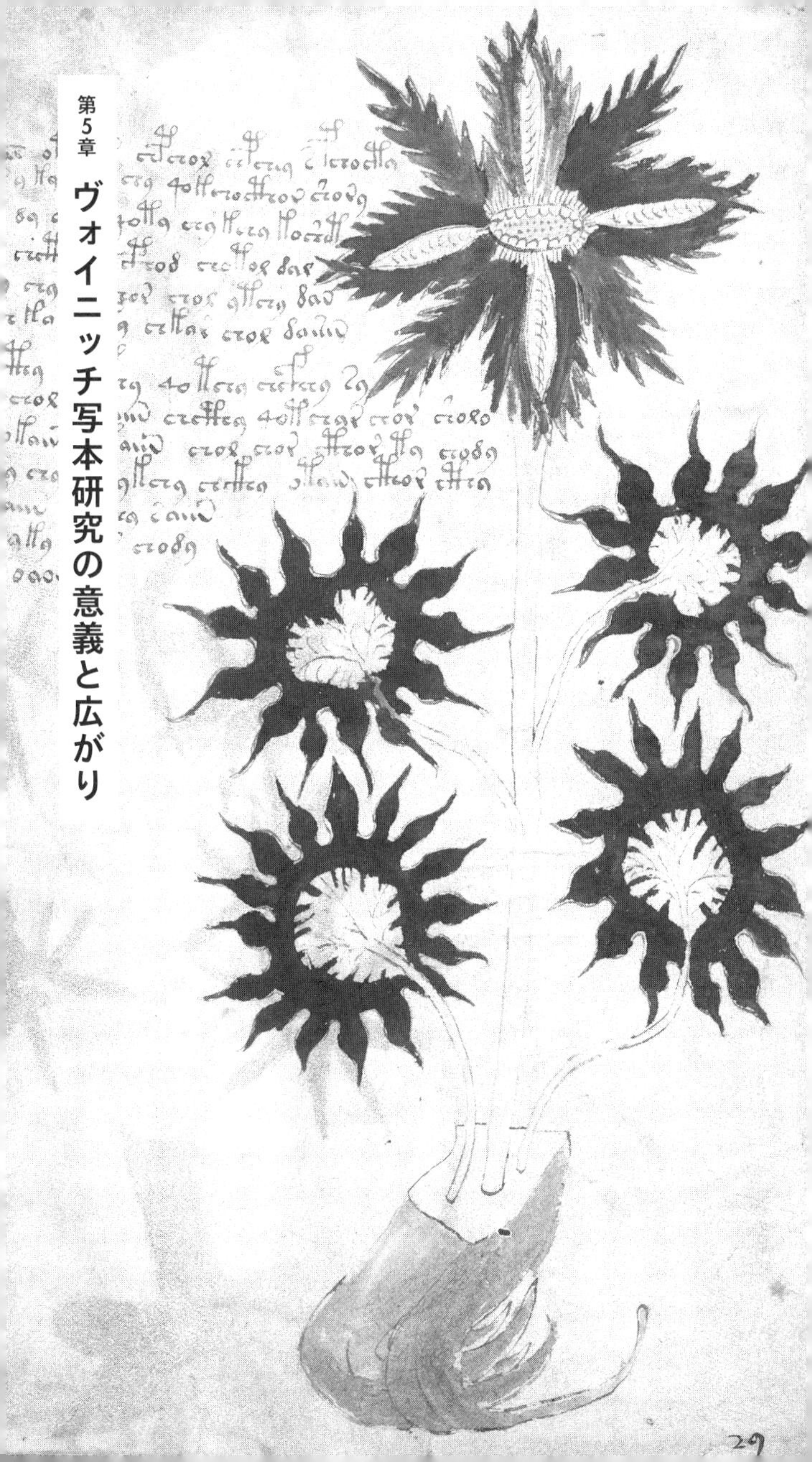

1　分析手法を発展させる

第2章と第4章では、ヴォイニッチ写本に関するさまざまな研究を紹介してきた。ここでは一歩引いた視点から、それが何の役に立つのかを考えてみたい。未解読写本の解読そのものにロマンを感じる人も多いだろう（し、著者らもその一員である）が、単なる趣味的な楽しさにとどまらない意味はどこにあるのだろうか。

ヴォイニッチ写本のように難しい研究対象が存在するとき、分析のための技術や方法論は一層洗練されていく。よりよい方法が生まれたり、それでも解決できないときに新しい手法が編み出されたり、他領域の手法や考え方が導入されることもある。第3章で述べたデータに基づき著者を推定する統計的な手法も、第2章で紹介したヴォイニッチ写本を解読するための各領域からの多様なアプローチも同様である。解読に至らなかったさまざまなアプローチも、「これでは解読できない」という結果を示すという意味で貴重なものである。それが公表されなければ、他の人が同じ方法を無駄に試すことになるかもしれない。第4章で述べた筆者らの研究も、この写本に対するアプローチを考えたからこそ、未解読文書の解読可能性を判定するという汎用的な手法に至った例だといえる。

解読が成功したらどうだろうか。ヴォイニッチ写本は、デタラメでないとするならば、中世の錬金術あるいは医学に関する文献だろうと推測されている。とはいえ、難病の特効薬が開発できるとか、不老不死の妙薬が得られるとか、新しい元素が見つかるとかいった大発見にただちにつながるとは考えにくい。もちろん、そうした期待や「解読」結果なるものの公表もあるが、少数派の意見だろう。しかし、解読結果が今すぐに具体的な社会的課題を解決できるわけではなくても、中世ヨーロッパの思想や学問の状況についての新たな知識と洞察が得られることになる。コンピュータがない時代に、100年以上にわたる解読の試みをことごとくはねつけるような暗号文を作ることがなぜ可能だったのかという、当時の技術に関する新しい知見も得られる。

では、最終的にデタラメもしくは贋作だと証明されることになったら、これまでの研究は無意味だったことになるだろうか。その場合も騙されたという失敗だと捉えるのではなく、見るべき手がかりとそれを判定するための手法が明らかになったと考えるべきだろう。第1章で述べたように、西洋の体系的な古文書学の先駆者マビヨンの動機は、古文書の真贋を鑑定するところにあった。贋作とそれを見破る技術は常にいたちごっこを続けており、現代の最新技術をもってしても真贋の鑑定は一筋縄ではいかないが、それがかえって分析手法を発展させる可能性がある。21世紀に入っても、ガリレオ・ガリレイが自作の望遠鏡で天体を観察した記録である『星界の報告』初版（ヴェネツィア、1610年出版）をめぐる大きな贋作事件があった。それまで知られていなかった現存本が発見され、国際的な研究グループによる紙やインクの成分分析も含めた調査の結果、一度はガリレオ自筆の原画を含む「校正刷り」だと判断され、2011年には2巻本の研究書まで出版されたのだが、実は現代の贋作だったことが発覚したのである。衝撃的なことではあったが、同研究グループが2014年に出版した第3巻は再調査の検証過程を詳述しており、書誌学の優れた教材ともなっている。証拠に基づいて修正を加えるという科学的な姿勢を示すものとしても素晴らしい。なお、この第3巻の電子書籍版は無料で公開されている。[*1]

---

*1 Bredekamp, Horst et al. Galileo's O. Volume III, A Galileo forgery: Unmasking the New York Sidereus Nuncius. Berlin, De Gruyter, 2014.
https://doi.org/10.1524/9783110354782

2 シチズンサイエンス

注意深い読者は、本書で紹介してきたヴォイニッチ写本研究には、大学や研究所などに所属するいわゆる職業的な研究者による学術論文だけではなく、そうした伝統的な媒体にとどまらないネット上の情報源もたびたび参照されていたことに気付いたかもしれない。研究者個人のウェブサイト、ネットフォーラム、YouTube などさまざまである。

こうしたバラエティ豊かな発表媒体からも推測されるように、在野の研究者も世界各地でヴォイニッチ写本に取り組んでいる。所蔵館であるイエール大学バイネッケ図書館が高精細のデジタル画像を提供し、個々の研究者が翻刻したテキストデータや分析成果をしばしばウェブ上で公開したり、無償でネットフォーラムを運営したり、情報のまとめサイトを更新してくれているなど、研究に必要なデータがオープンな形で提供されているからこそ、ここまで活発な活動が可能だといえる。もちろん、他の研究者が事前に審査する査読というプロセスを経た伝統的な学術論文もあれば、査読こそ受けていないもののしっかりした根拠に基づく優れた論文も、斬新な仮説も、思いつきの域を出ない珍説もあるので、入手できる情報は玉石混淆であることに注意が必要なことはいうまでもない。ヴォイニッチ写本研究者は、世界中に、そして多様な領域におり、日々活発な議論を交わし、知恵を出し合っている。

学問で生計を立てているわけではない、いってみれば一般の市民が科学研究に参画することは、広くはシチズンサイエンスと呼ばれている。かつて学問が専門分業化していなかったことを考えれば古くからある流れで、決して不思議なものではないが、インターネットの普及により、市民が参加する大規模な活動が行いやすくなった20世紀末から大きな動きを見せている。

2015年にヨーロッパで作られた「市民科学の10の原則」には、市民を積極的に巻き込み、市民が協力者、共同実施者、または主催者として参加する、シチズンサイエンスが正当な科学的成果をもたらす、職業科学者と市民科学者の両方にメリットがある、市民が研究上のさまざまなプロセスに参加できる、市民の貢献を明記するなどが挙げられている。[*2]

ただし、市民の関わり方という点で見ると、現在は職業科学者が設計したプロジェクトに市民がデータの収集段階で関わるという貢献型が多く、手法の改善やデータの分析と公開

*2 日本語訳には次のURLからアクセスできる。
https://ecsa.citizen-science.net/wp-content/uploads/2021/02/ECSA-10-principles-Japanese-1.pdf

にも関わる協働型や、問いの設定から成果発表に至る研究のプロセス全体に関わる共創型はまだ少なく、これからが期待される。[*3]

貢献型の事例は多い。海外では、コーネル大学鳥類学研究室が2002年から運営しているeBird（https://ebird.org/home）という、野鳥を観察して写真や音声を報告する大規模なデータベースがよく知られている。日本野鳥の会が日本語版を開発しているので、日本からも参加しやすい。

2007年に大学院生のアイディアから始まった銀河の観測画像を分類、整理する天文学分野のGalaxy Zoo（https://www.zooniverse.org/projects/zookeeper/galaxy-zoo）も有名である。この原稿を書きながらアクセスしたところ、すばる望遠鏡のカメラで撮影された銀河の写真がタスクとして提示された。参加の仕組みはシンプルで、ウェブサイトにアクセスすると画像が表示されるので、なめらかな形か渦巻形か、楕円《だえん》形か葉巻形かといった選択肢から選んで回答していく。形を判断するだけなので専門知識は必要なく、選択肢の意味がわからない場合にはヘルプを参照でき、参加者の知識も深まる。このデータに基づいて

＊3　一方井祐子、小野英理、榎戸輝揚「シチズンサイエンスの多様性：日本における課題を考える」『日本生態学会誌』2021, vol. 71, no. 2, p. 91–97.

すでに多くの論文が発表されている。論文を執筆するのは職業的な天文学者が多いが、画像確認において重要な貢献をした参加者が共著者に加わることもある。画像認識はＡＩが得意とするところなので今後導入されるかもしれないが、判断が難しく人手を要するものは残り続けるだろう。

日本でもデジタルツールを活用したデータ収集のプロジェクトがいくつも行われている。２０１３年に東北大学と山形大学の研究者が中心となって開発した、マルハナバチの写真や位置情報をメールで報告してもらうマルハナバチ国勢調査（http://hanamaruproject.s1009.xrea.com/hanamaru_project/index.html）など、生態学分野における取り組みが多い。また、研究者が主導するプロジェクトが多いことも特徴である。

民間主導の動きとしては、バイオームという生物多様性モニタリングのためのスマートフォンアプリも興味深い。植物や動物の写真を位置情報付きで撮影し、画像認識ＡＩの助けを得ながら種を判定して登録するもので、投稿データは生態系の保全活動に活用される。投稿数に応じてレベルが上がる、環境省や大学、民間会社などの外部組織と連携した小さなクエスト（たとえばサクラの開花情報、砂浜のいきもの、外来種の写真を一定数投稿する）が常に設定されていて達成感を味わえるといったゲーム的な要素や、質問やＳＮＳによる交流を促す機能を取り入れ、参加者のモチベーションを高めるように工夫されている。筆者も子供と一緒にゲーム感覚で参加しており、投稿したものに修正の提案を含むコメントや「いいね」がすぐに付くことには驚かされている。

人文学分野の成功例として、一般市民も古文書のテキストデータ作成に参加する「みんなで翻刻」がある（http://www.honkoku.org/）。２０１７年に京都大学古地震研究会が地震史料の翻刻を目的に開始したプロジェクトで、２０１９年には対象とする史料の範囲を広げ、くずし字をＡＩが自動認識して候補を出す機能も加わった。現在は国立歴史民俗博物館、東京大学地震研究所も運営に加わっている。大阪大学などが開発した、くずし字をゲーム感覚で学べる学習支援アプリ KuLA との連携、自力ではわからなかった部分について助けを求めるコミュニティ機能、多人数が同時に書き込めるライブ機能、特別なソフトウェアのインストールは不要でウェブ上で完結する操作性などの工夫により、短期間に大量の翻刻が進んでいる。誰でも即座に参加できるシステムだと聞くと、専門家ではないのに正しく読めるのかと心配になるかもしれないが、前述の工夫がうまく働き、２０１９年のリニューアル時点での解読正解率は98・5％と高い。

日本では、日常に根差した社会課題の解決に重点を置く「市民科学」の活動は長く行われてきた。しかし、さらに広いシチズンサイエンスの活動は、上で紹介したようないくつかの目覚ましいプロジェクトはあるとはいえ、欧米ほど広まってはいないことや、実施のための基盤整備が十分ではないといった課題も指摘されている。内閣府の特別機関である日本学術会議の若手アカデミーは、２０２０年にシチズンサイエンスを推進する社会システムの構築を目指し、広報活動、研究倫理を保持する基盤整備、職業科学者との橋渡しとなるような社会連携の基盤整備、研究資金制度の確立という４つの提言を行った。こうした方向に社会が動いていけば、シチズンサイエンスが活発になっていくと期待できる。

3 ヴォイニッチ写本の影響の広がり

ヴォイニッチ写本が奇書を紹介する本の常連であるのは想像に難くないだろう。そのほか、フィクションにもたびたび登場することからも影響の広さが感じられる。フィクション作品で初めてヴォイニッチ写本に出会ったという読者もいらっしゃるのではないだろうか。ゲームに魔導書として出てきたり、小説の小道具として使われたりすることもある。たとえば、お菓子の袋の裏に印刷された世界の謎シリーズの一つとしてヴォイニッチ写本の紹介を見つけるという場面が出てくる小説がある。[*4]

ストーリーに絡むアイテムとして登場する場合も多々ある。いくつか挙げると、アトランティスの古代文明と現代武力が闘うという設定の『ギルティ・アームズ』シリーズの第2巻は『禁忌の手稿』というタイトルで、秘密機関が解読不能のオーパーツ（その年代や場所にはあるはずがない人工物の意、超古代文明などの根拠とされることも多い）としてヴォイニッチ写本を奪い合う。[*5] イギリスの児童向けタイムトラベル小説『タイムライダーズ』シリ

＊4　津村記久子「第3話　おかきの袋のしごと」『この世にたやすい仕事はない』日本経済新聞出版社、2015、p. 129.
＊5　秋堂カオル『禁忌の手稿』SBクリエイティブ、2015。

ーズ第3弾は、ある大学生がヴォイニッチ写本を解読したところ、時空を守る主人公たちの組織にあてた過去からのメッセージだったというところから幕を開け、ロビン・フッドや聖杯伝説とも絡んで話が進む。[*6] 日本で人気の児童書、怪盗クイーン・シリーズの『怪盗クイーンと悪魔の錬金術師』にも、錬金術の秘宝が書かれた古文書として登場する。人類が知るべきではない知識を記した本物を隠すために、挿絵や暗号を工夫してわざと解読できないように作られた偽物が我々の知るヴォイニッチ写本だという設定になっており、芸が細かい。[*7]

バイネッケ図書館は目的を問わず自由に二次利用してよいという方針でデジタル画像を公開しているため、スマホカバーやブックカバー、Tシャツといった多種多様なグッズが公式とは無関係に作成、販売されている。なお、ヴォイニッチ写本の場合は大丈夫だが、原本が著作権保護期間内ではなくても、所蔵館や資料によって二次利用条件は異なるので、利用前にきちんと調べる必要があることは覚えておこう。

さらに、本の世界をこえて、ヴォイニッチ写本にインスピレーションを受けて作られた

---

*6　アレックス・スカロウ『タイムライダーズ：失われた暗号』1および2、金原瑞人・樋渡正人訳、小学館、2015。
*7　はやみねかおる『怪盗クイーンと悪魔の錬金術師：バースディパーティー前編』講談社、2013。

作品もある。網羅的に調べたわけではないが、筆者らが気付いた範囲では、ヴォイニッチ写本の植物を日常生活の風景に入れ込んで合成した清水はるみ氏による写真シリーズ The Plants in the Voynich Manuscript の展覧会が２０１９年に開催されていた。写真はウェブサイトでも閲覧できる。[*8] また、こちらは残念ながら実見できなかったが、現代作家とアウトサイダーアートの境目で活躍する画家、坂上チユキ氏による『博物誌』シリーズの展覧会が２０１１年に開催された。絡み合う不思議なものが青インクで描かれた素描で、時に読むことができない言葉が添えられているのだが、解説によればヴォイニッチ写本にインスパイアされたものだという。[*9]

意外なところでは音楽作品もある。イエール大学音楽院で教鞭をとる作曲家・ハープ奏者のハンナ・ラッシュ氏は、ニューヘイブン交響楽団の委嘱《いしょく》を受け、２０１５年から2年間をかけて4楽章（植物、天文学、生物、天文学）から構成されるヴォイニッチ交響曲を作曲した。２０１７年5月4日に通して演奏されたようだ。交響楽団のウェブサイトでは、各楽章の初演クリップや、同氏による動画解説を参照できる。[*10]

＊8　https://imaonline.jp/imagraphy/201910harumi-shimizu/
＊9　https://mem-inc.jp/artists/sakagami_j/
＊10　https://newhavensymphony.org/watch-listen/past-projects/lashvoynich-project/

影響はアメリカに限らない。ハンスペーター・キブルツ氏が１９９５年に作曲した合唱曲 The Voynich Cipher Manuscript はミサ曲の要素も取り入れた不思議な雰囲気の曲で、ドイツの音楽を紹介するいくつかのＣＤに収録されているほか、YouTube のシュトゥットガルト南放送合唱団チャンネルや Spotify からも聞くことができる。筆者の手持ちの封入冊子にはヴォイニッチ写本についても解説されている。[*11] また、イタリアのフォーク／パワーメタル・バンドであるエルヴェンキングによる２０１７年のアルバム『シークレッツ・オブ・ザ・マジック・グリモア』（魔導書の秘密の意）の９曲目が「ザ・ヴォイニッチ・マニュスクリプト」である。ＣＤには日本語の歌詞も付けられている。[*12]

日本も負けていない。クラリネット四重奏『ヴォイニッチ手稿』は、ブレーン社が清水大輔氏にこの写本をモチーフにして作曲を委嘱して生まれた作品とのことである。楽譜と広島ウインドオーケストラによる演奏ＣＤが２０１１年に発行された。[*13] ＣＤの封入冊子に

＊11　Musik in Deutschland 1950–2000: Sprachexperimente. Sony BMG Music Entertainment, 2006. 1 CD

＊12　エルヴェンキング『シークレッツ・オブ・ザ・マジック・グリモア』Ward Records, 2017. 2 CD.

＊13　楽譜：清水大輔『ヴォイニッチ手稿 The Voynich manuscript for clarinet quartet: クラリネット四重奏』ブレーン楽譜事業部、２０１１。ＣＤ：『朱のインパルス』ブレーン、２０１１。１ＣＤ。

よると、「見たことも無い『文字』、『絵』（特に挿絵を見た感覚）を『音符』で表し」たとのことである。演奏はYouTubeのブレーン・アンサンブル公式チャンネルからも聞くことができる。

4 謎に立ち向かいたい方のために：有用な情報源の紹介

最後に、自分でもヴォイニッチ写本の謎に取り組みたいと思われた読者のために、これまでに挙げてきた有用なウェブ情報源をまとめて紹介しよう。

- https://collections.library.yale.edu/catalog/2002046
  所蔵館であるイエール大学バイネッケ図書館から公開されている全ページの画像。
- ゲリー・ケネディ、ロブ・チャーチル『ヴォイニッチ写本の謎』松田和也訳、青土社、2006。
- http://voynich.net/
  ヴォイニッチ写本の解読を目指す世界中の人々が集うサイト（英語）。ここからメーリングリストに加入できる。メーリングリストの内容は質量ともにバラエティに富んでいる。
- https://www.voynich.nu/index.html
  著名なヴォイニッチ写本研究者であるレネ・ザンドベルゲン氏のウェブサイト（英語）。

これまでに作られた主要な翻字データへのリンクや最新の研究成果の紹介なども入手できる。

- https://ceur-ws.org/Vol-3313/
２０２２年にマルタ大学で開催されたヴォイニッチ写本をテーマとする国際会議の発表論文集（英語）。YouTube で発表の動画を視聴することもできる。
- https://www.voynich.com/
日本人のヴォイニッチ写本研究者である高橋健氏のウェブサイト（日本語）。研究のまとめや他の情報源へのリンクが充実している。

ＡＩが目覚ましい発展を見せている現在、ＡＩでなんとかなるのではないかと期待したくなる。しかし、類似の写本が他になく、データ量が少ないことから、ヴォイニッチ写本が数年のうちに解読できると期待する理由は特にはなく、まだまだ探求は続くだろう。写本や言語学、暗号学などを専門とする職業的な研究者として取り組むことも一つの方法であるし、必ずしも職業科学者の道を選ばずとも、科学的な方法論とデータサイエンスのスキルを身に付ければ、他の人々と協力しながら自分なりのアプローチで研究できる。こうした豊かな情報源とそこから得られるデータを駆使し、データサイエンスの角度からヴォイニッチ写本の研究に、あるいは他の書物の謎に、取り組み、そして成果を世界と共有することに関心を持つ読者がいれば幸いである。

第6章

ヴォイニッチ写本の可能性とこれからの研究

特別鼎談

荒俣宏×安形麻理×安形輝

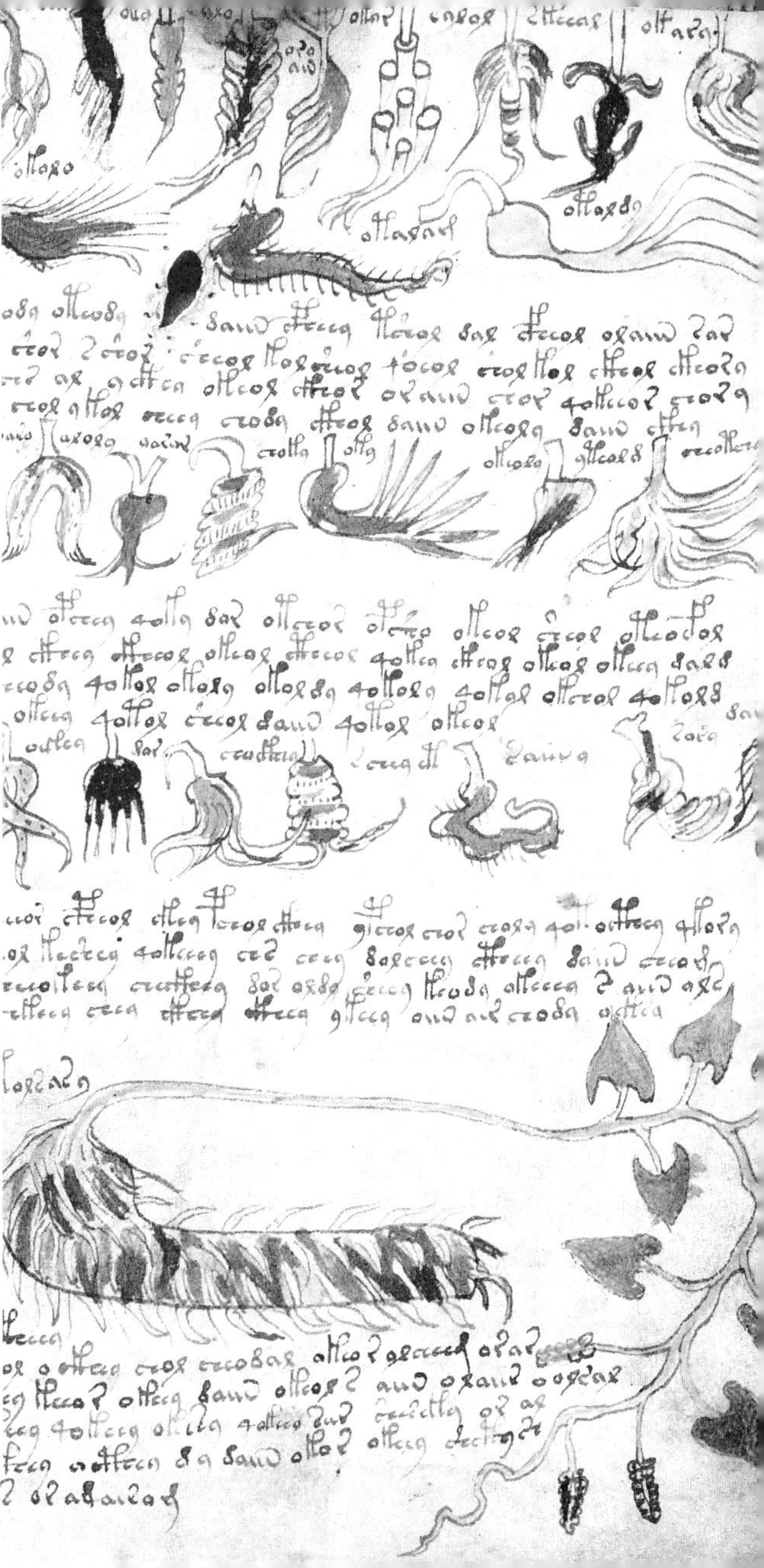

――本日は、日本のヴォイニッチ写本研究をリードする安形麻理さん、安形輝さんと、小説家・博物学者・稀書収集家として知られ、ヴォイニッチ写本の日本への紹介においても活躍されてきた荒俣宏さんの鼎談を通じて、ヴォイニッチ写本の謎や魅力、可能性についてお聞きしていきたいと思います。よろしくお願いいたします。

安形（**麻**）　まず自己紹介をしますと、私たちがヴォイニッチ写本の論文を発表したのは、今から15年ほど前でした。

安形（**輝**）　僕の専門は図書館情報学、彼女（安形麻理氏）の専門は書誌学で、どちらかというとヴォイニッチ写本研究のメインストリームから外れたところにいます。論文の内容も写本の解読そのものではなく、意味があることが書いてあるのかそれともデタラメなのかという議論です。

荒俣　なるほど、「ヴォイニッチ写本は偽書、いわゆるインチキではない」と証明しようという立場ですね。

安形（輝）　はい。論文を書いたきっかけは偶然で、2003年に『X51.ORG』というオカルト系のウェブサイトを見ていたとき、たまたま「解読不能の書 ヴォイニッチ手稿はデタラメか」という記事を読んだんです。

荒俣　『クレイジージャーニー』の佐藤健寿さんのサイトですね。

安形（輝）　そうです、雪男なんかが出てくるサイトです。そこに書かれていた「解読不能の書」という文言が気になって、別の共同研究に使っていたデータ分類の手法でヴォイニッチ写本のデータが分析できるのではないかと思いついたのが研究のきっかけでした。

荒俣　僕がヴォイニッチ写本を知ったのは1970年代でした。当時オカルト専門の書店から毎月本を買っていた中にあった『Most Mysterious Manuscript』というタイトルで知り、こんな本があるのかと驚きました。モノクロの、ドットが見えるような粗い写真だったから文字の細部はほとんど読めず、絵が手がかりにならないかと見比べていました。

安形（**輝**）　我々の方は、別の論文で使っていたクラスタリングという手法をヴォイニッチ写本で試してみたら面白い結果が出たから論文にしよう、くらいの気持ちでした。データ解析自体はほんの10分や15分でできたんです。ただ、その後が大変で……。

研究の内容をかいつまんで言うと、多くの言語に適用可能なテキスト処理技術は未知の言語にも応用可能なのではないか、つまり、もし火星人がいて火星語があったとして、火星語の中身がわからなくとも火星語の文章が大量にあったなら、グーグルにデータを読み込ませれば火星語検索が作れるようになるのではないかという発想でした。

荒俣　まあ、なるでしょうね。

安形（**輝**）　未知の言語が読めなくても、文章同士の近さ、つまりある文章と別の文章が似ているかは解析すればわかるんです。

また、ヴォイニッチ写本には絵がたくさん入っているので、絵と文章の近さも手がかりになります。たとえば花の絵があるページの文章が、星図の絵があるページの文章よりも、別の花の絵のページの文章に近ければ、デタラメではなく絵に対応した意味を持つ文章が書かれていると考えられます。

荒俣　中身が読めなくても、同じ形が出てくる文章同士は意味的に共通点があるだろうという類推ですね。その場合、文章同士の近さの判定基準はどうなるんですか。ＤＮＡのように99%が同じでも別の種類ということもあります。

安形（輝）　まず絵の近さについては植物や天文など、ヴォイニッチ写本の絵についての定評のあるセクション分類を使います。

文章の解析は、テキスト処理の技術として定評のあるテキストクラスタリングを使いました。１９７０年代や80年代から使われており、情報検索や自動分類の教科書に書いてあるような、いわば古めかしい手法です。文章同士の類似性について、絶対的な近さや絶対的な遠さはないんですが、「このページはあのページよりそっちのページと近い」という相対的な関係がこれでわかります。

安形（麻）　中身がわからないテキストなので文章の区切りもわかりませんから、ひとまず

1ページの最初から最後までを1つのまとまりとして、ページ同士のテキストの近さを調べました。

荒俣　正しいかどうかはわからないけど、とりあえず文章の外形から比較してみようということですね。

安形（輝）　そうです。キール大学のコンピュータ学者のゴードン・ラグさんがヴォイニッチ写本と似たような特徴を持つデタラメな文章が作れるという実験をして、「こういうふうにデタラメに作られた文章だからみんなが解読できないんだ」と主張する記事が『X51.ORG』で紹介されていましたが、我々のテキスト解析がうまくいけば、それへの反証になります。

荒俣　デタラメじゃないとわかれば相当な大前進ですものね。

安形（輝）　ゾディアック（十二宮図）のセクションはほとんどテキストがなくてうまく分

析できなかったんですが、それ以外については日本の研究者の高橋健さんが最も一貫性のあるトランスクリプション（テキスト化）をしていたので、そのデータを使いました。

荒俣　ああ、高橋健さん、ヴォイニッチ写本の膨大な研究サイトを作っている。

安形（**輝**）あとは、それぞれのページ同士の距離をとにかく算出していきます。計算してみたらわかったんですが、最初のページだけは、他のページと共通する単語が1つも出てこない特殊なページで、距離が一番遠くなりました。他のページ同士はそれなりに近さが出てきます（第4章113ページの表2と114ページの表3を参照）。

荒俣　距離の数字が小さい、0に近いほど近いってことですか？

安形（**輝**）はい、距離なので数字が小さいほど近いです。こうやって見ますと、植物セクションのページと別の植物セクションのページの距離が7612で、植物セクションのページと天文セクションのページを持ってきて比べると、距離は7612より大体遠くなります。ですから、同じセクション同士のページには近い内容が書いてあるという結果になります。

荒俣 そう言われるとそうですね。

安形（輝） さらに細かく分析してみたのがテキストクラスタリング分析です。複雑なので細部を見るのは難しいんですが、全てのページをデンドログラム（樹形図）の形にしています。端っこだけちょっと見てみますと、一番左側はバイオ（生物）で、バイオ・バイオ・ゾディアック・バイオ・バイオと並んでいます。ゾディアックはテキストが全く入っていないので他のところに混ざるんですが、バイオセクションはほぼバイオセクションでまとまります。次のレシピセクションもやはりレシピセクションでまとまります

（第4章116ページの図15を参照）。

荒俣 これは、簡単に言うと関係の近さを表した系統樹だと考えればいいんだよね。

安形（輝）　そうです。反対の一番右側はハーブが出てくるエリアですが、ハーブの中にはプラントやレシピのセクションが若干混じっています。個人的には、これでヴォイニッチ写本には意味があるのではないかと感じました。レシピのセクションなんて、いかにも植物を使って何か作りそう、関連がありそうですよね。分析結果にちょっとだけノイズが混ざっている、だけどそのノイズがいかにも混じりそうなものなんです。無作為に作った文章なら、図によるセクションに対応してテキスト同士がまとまるわけはないですから、これが捏造文書ではなく、何らかの意味を持つ文書だと考えられるわけです。

一方で暗号かどうかと考えると、暗号の可能性が高いようには思えません。たとえ暗号だったとしても、それこそドイツのエニグマや旧日本軍の暗号のように1文字ずつ暗号テーブルが変わるような複雑なタイプだと、テキストクラスタリングをしたときにデタラメな文章とほぼ同じ結果が出てしまいます。だから複雑すぎる暗号ではありません。それなのに暗号の専門家が誰も解読できていないということは、やはり暗号の可能性は低くなります。

荒俣　ほう、それは興味深い。15世紀から16世紀に作られた古文書だとしたら、そもそも書かれたときには難しい暗号技術がなくて、せいぜい1つの単語をいくつかの乱数コードなんかに分けて記述するくらいだったでしょうか。

なぜ解読できないのか

荒俣　たしかにわかりやすい研究ですね。しかし、コンピュータを動員してここまでのことがわかるのになぜ解読できないんですか。

安形（輝）　データ量が足りないんです、世界にたった1冊だけの本ですから。

荒俣　ヴォイニッチ写本の一単語はだいたい何文字、あるいは何要素くらいあるんですか。

安形（麻）　平均単語長は5です。もしかしたら、アラビア語のように母音は書かないとか、むしろ逆に子音だけとかの書き方かもしれません。

安形（輝） 高橋健さんのトランスクリプションを我々が分析した結果によると異なる単語が8000弱、7907語あって、1冊トータルの単語数は3万7000くらいです。

安形（麻） 人にとっては多いですけど、コンピュータにとっては少なすぎて分析が難しいデータ量です。

安形（輝） 同じ言語で書かれたテキストがあと10冊あれば、相当突っ込んだ分析ができるはずです。そこまでいかなくても、1冊が2冊になるだけでも研究は一気に進むと思いますよ。

荒俣 でも、コンピュータで可能性を1つずつ全部潰していけば、何京パターンかやっていくうちには、これはいけるんじゃないかという解読方法が見つかるんじゃないかと、いつも思うんですけどね。

安形（麻） 先に解読のルールを決めて、そのルールで読めるかどうかをひたすら試す、と。

荒俣　そう、何京回かやればいいわけですよ。ここまで仮説が成り立っているんだから、アメリカあたりでお金を出してくれるスポンサーを見つけられれば、一発で解読できるかもしれない。慶應大学もモノ好きが多いですから、きわめて教養科目ふうなテーマで直接的な利益はでないですけど、伊藤塾長（伊藤公平）にでも掛け合ってみるのもいいのでは？　ノーベル賞は無理でも、イグノーベル賞は取れるかも（笑い）。

脱線しましたが、なぜ今までフリードマンを始めとする錚々たる人たちがヴォイニッチ写本に挑み、最後はデタラメ説まで出たのかが突き止められたら、この研究は大変面白いと思います。

安形（輝）　ヴォイニッチ写本にまつわる新説は季節の変わり目くらいに必ず何かしら出てきますが、未だに我々のやっていることが最先端に近いくらい、研究は進んでいません。

荒俣　日本でもヴォイニッチ写本の研究者はほとんどいない、絶滅状態に近いんですよね。

安形（輝）　研究が進まない理由は第一に手がかりとなるテキストが少ないからですが、一方で絵などもあるので、もう少し何かできる余地もあるようにも思います。

安形（麻） 私たちが15年前に論文を書いた時は未解読だった他の写本のうち、その後解読に至ったものもありますが、その方法もやはり絵を手がかりにしたものでした。

荒俣 シャンポリオンがエジプト文字を読み解いた方法も同じですよね。絵の記号をうまく利用した。

安形（麻） でも、そういう順当な方法がヴォイニッチ写本ではうまくいかないみたいで、誰も成功していません。

荒俣 一筋縄じゃいかない難物なのか、あるいはまだ順当な解読が足りていないのかですね。

安形（輝） 我々は絵に注目してセクションごとの文章の近さを調べたわけですが、他に調べうることとして、ページの近さと文章の近さは関係あるのか、といった論点もあります。つまり、1ページ目と2ページ目の文章は、1ページ目と100ページ目より近いのか。

荒俣　ああ、そうですね。ページを表す数字はページのどこかに書いてありましたっけ。

安形（麻）　右上に書いてあります。

荒俣　ページ数があるのなら、文章には順序があるということですね。あれは後でだれかが書きくわえたという説もあるけど、どうなんですか。

安形（麻）　16世紀くらいと言われています。

荒俣　ルドルフ2世があの写本を持っていた頃ですね。ルドルフは錬金術も寓意表現も関心があったマニエリスム的精神を持っていたから、あの写本にも何か「秘密の叡智」的な匂いを感じていたはずです。

安形（麻） その通りです。そのページ番号が正しいという想定で、ページ数の近さと内容の近さは分析できます。

未知の言語か暗号か

荒俣 僕がヴォイニッチ写本を最初に見たのはマニュスクリプトを写した古い写真で、絵だけはちゃんとわかったけど、細かい部分はよく見えませんでした。ただ、文字のかたちをパッと見た感じではマニュスクリプトらしい飾字法で、文字のデザインなんかは他の写本とも非常によく似ていますよね。それから段落の切り方とかも。だからもしかしたら、あのまますらすら読めた人がいるんじゃないかという気もします。というのも、一人で文法から単語まで言語体系を作ってしまった人が歴史上何人かいるからです。中にはサルマナザールのような詐欺師もいるけど、それでも自分が作った言葉をしっかり話せて手紙も書けたそうです。ヴォイニッチ写本も、たった一人の言語という可能性もありうるように感じます。

安形（麻） 私も最初にヴォイニッチ写本の写真を見たとき、文字が読めないだけで一見ごく普通の写本だと思いました。特別な何かがある感じはしない、そんなに豪華じゃない写本。

荒俣 やはりそうですか。一見すると普通の写本に見えるんですよね。

安形（麻） 絵を見ていると、なんとなく読めそうな気がしてきます。

荒俣 本当に読めそうなんだよね。

安形（輝） 文字の書体に注目すると、1冊の本を通してずっと統一した書体で書かれていますから、少なくとも何かの訓練を受けた形跡が読み取れます。余暇があるような余裕がある階級の人じゃないとできない仕事です。

荒俣　まさにおっしゃる通りです。一時は2人や5人の合作という説も出ましたが。

安形（輝）　僕が聞いたのは2人という説でしたが、そんなに書き方に違いがあるようには……。

荒俣　そこまで違いがないわけか。

安形（麻）　2年前にヴォイニッチ写本の国際学会がありまして、私たちは気づくのが遅くて行けなかったんですが、そのときも写字生が何人いたかを文字のスタイルによって分類した研究がありました。

荒俣　何人かで手分けするなら、分割を可能とする原テキストや原稿みたいなものがないといけませんね。

安形（麻）　しかし、同じ人物でも書き進めるに従って筆跡が変わっていくことがあるわけで、人数について決定的な説を見つけるのは難しいですね。

荒俣　文字を書き写すときに書き間違いもありそうなものですが、エラーを消した痕跡はないんでしょうか。

安形（輝）　見た覚えはないです。

荒俣　そうですか、じゃあかなり本格的なプロが書き写したのかもしれません。

安形（輝）　あるいは訂正記号などがあるのかもしれませんが、それも読めないのでわかりません。

安形（麻）　ただ、これまでの研究史の中で、書き間違いを消した痕跡が指摘されたことはありませんね。

荒俣　つまり、すごい手業を持った人が書き写したか、あるいは言語としてしっかりルールが固定し、学習可能なものであったか。書き誤りもないのなら、この言語をすらすら書ける本人の直筆写本だったかもしれない。しかし、あの写本が教会とかそういうところに知られると具合の悪い本だったなら、写字生を使って堂々と本を作れないですよね。下手したら首を切られます。

安形（**輝**）　そうですね。少なくとも、教会ではあまり嬉しがらないような絵柄ではあります。

安形（**麻**）　文字と差し絵が複雑に入り組んだレイアウトなので、原本があってそれを写したとも考えにくく、これがオリジナルなのかと思いますが、もしかしたら当時は複数の本があった可能性もゼロではありません。

安形（**輝**）　別の写本がどこかの家の蔵で見つかったら大発見ですよね。

荒俣　あの絵の空いたスペースに非常にうまくはめこんで文字を書いているので、やはり絵と文字は切り離せない、かなり密接な関係があるんでしょうね。
　それにしても、コンピュータの力であれこれできる時代に暗号解読ができないのはどういうことなんだろう。一見してみると、単語みたいなのがはっきり見えるから、繰り返し性や出現頻度の統計学的な処理なんかで多少はわかりそうなものだと思うけど。

安形（麻）　そうですね。単語の出現頻度を見た研究だと、自然言語の特徴に近い繰り返しが出ています。

荒俣　それは面白いですね。

安形（麻）　でも、実在するいろんな言語に当てはめてみても、いい結果が出ないんです。だから、もうすでに失われた言語だとか、いやアジアの言語だとか言われています。

荒俣　失われた言語という可能性はなきにしもあらずです。その話で思い出すのは、第2

次世界大戦中に日本が使っていた暗号はアメリカにバレちゃったけど、日本はなかなかアメリカの暗号が解けなかった。ちょっとはわかったけど、その先が難しかった。実はアメリカが使っていた暗号はナバホ・インディアンの言葉を使ったものだった、という話です。あれはすごいことを考えたと思いますよ。

安形（輝） 面白いですよね。やはり独自の言語体系は強いです。

荒俣 独自の言語体系だと、今のアルゴリズム分析で読めそうで、だけど読めない言語があってもおかしくありません。

フンボルトがアメリカ大陸でいろんな民族を調査したとき、言語も調べたんです。お兄さんが言語学者だったから、絶滅していくアマゾン先住民の言葉も調べてこいというミッションをもらったんでしょうね。

フンボルトは、ある村でつい最近大きな戦争があって村人がみんな殺され、滅びた民族がいるという噂を聞きます。その村の言葉は独特な言葉で、近所の人たちもよくわからない、その村でしか通用しない言葉でした。しかし、それで何千年も暮らしているわけだから、やはりその言語の力はすごいものだと認めざるを得ません。フンボルトは、たった今消えたその言語をなんとかよみがえらせる方法はないかと村まで行きますが、本当に村人はみんな死んでいました。この世界にあった言語の1つが永遠に消えてしまったわけですね。すると近所の子供がやってきて「おじちゃん、その言葉を話せるやつがいるよ」と言います。それは誰かと聞いてみたらオウムで、フンボルトはそのオウムが話す言葉を記したというんですよ。『新大陸赤道地方紀行』に載っていた話で、感動しました。

だから、ワンランゲージ・ワンパーソンや一家族だけの言葉だったり、何百人かでずっと伝えてきた言葉だったりする可能性もあると思います。現に日本でもサンカやマタギは独自の言葉を持っていたし、山の民の言葉は他の人には全然わからないから、呪いやまじないと呼ばれていました。今はさすがにないけど、産業革命前まではそういうものがありました。

しかも、ヴォイニッチ写本が作られたとされる15世紀はルネサンスの時代で、古い文化や芸術を新しく研究しようという革命的な時期でしたよね。だから、ギリシア語やアラビア語なんかを一生懸命やり始めた人が同時代にいたはずです。

ギリシア語やアラビア語をやる人は、僕の知る限りエジプト古語にいくんですよ。一番古い言葉で、アダムの言葉より古いから、もしかしたら神が使っていた言葉じゃないかと。だいたいオカルトにいっちゃうんですが。

また別の可能性もあります。現代の頭のいい人がハッカーになってプログラムを書くように、当時の最先端技術を駆使して作られたのがヴォイニッチ写本であるという可能性です。この写本が発見されたルドルフ2世の時代は、文章の書き方や秘密の隠し方の技術が発展して、トリテミウスなんかが現れた時代でした。そういう文化の変わり目にヴォイニッチ写本が作られていたのが気になるんですよね。

安形（麻） まさに聖職者のトリテミウスが暗号の教科書を暗号で書いたのも15世紀末で、ヴォイニッチ写本が作られたのと同じくらいです。

「危険思想」が書かれている可能性

荒俣 ヴォイニッチ写本は13世紀に作られたという説もありますが、高橋健さんがヴォイニッチ写本に出てくる服装を入念に調べた結果、１４５０年から60年くらいの服が描かれていると言っていました。写本の絵だと男も女の人と同じようなスカートをはいているけど、数十年後にはもうファッションが変わっていて、男の服装は短いズボンになっています。

その時代、まさにヨーロッパでは暗号ブームです。暗号で書かなきゃいけないような口外できない話を、新しいタイプのルネサンス人、特にフマニストと呼ばれる人文主義者たちがどんどんやり始めます。そんなことは普通の文字では書けないから新しい言語を作っちゃった可能性も想像できます。ユニバーサルランゲージ（言語自身が情報を持つＡＩ的な人工言語）も同じ頃にできて、一番有名なのがウィルキンズ。主の祈りを全部、自分が作った言語に翻訳した人です。当時の知識階級は大体カトリックの高位にいた人ですが、書いた本は次々に禁書になっちゃうから、みんな読めないような文字を一生懸命作り出した時代でした。ぴったりその頃の写本なら、中身はやばいんじゃないか、という気がします。あくまで時代背景からの推測ですが、そうじゃないなら暗号を使う必要もないですから。

安形（麻）　そうですね。数年前に放射性炭素年代測定が行われて、15世紀後半の動物の皮だという結果が出ています。

荒俣　まさにルネサンスとぴったり一致ですね。

安形（輝）　植物の絵を見ると稚拙な印象を受けますが、もしかしたら何かを隠そうという意図があったのかもしれません。実際のものとは違うふうに描いて、現実にない植物を描いていると言い逃れるために。薬草のセクションに、危ない薬の作り方が書いてあったりして。

荒俣　それは面白いね。ルネサンスの頃は毒薬が大ブームでした。

写本の植物のイラストを見るとかなりデザイン化されているんですが、根っこの部分はしっかり書いてあります。薬に使うのは主に根っこの部分だったからで、この絵で薬草に使う植物の見分けができるんです。つまり、本草学の要求に合致した「ハーバル（植物図譜)」です。
日本で一番売れた毒薬のひとつに、ハンミョウという綺麗な虫を薬にしたものがあります。しかし、実は日本のハンミョウには毒はありませんでした。中国の本草書を読んだ日本人が「ハンミョウは一発で人を殺せる猛毒なんだ」とハンミョウをさかんに売っていたけど、日本の本土にいるハンミョウは毒がない種類だったんです。でも、色まで着けた図譜がなかった。そういう大事な情報がこの絵にはあるんじゃないか、何かに使えたんじゃないかと誰でも思いますよね。

安形(麻) ヴォイニッチ写本が紹介されるときは、ヒマワリとか唐辛子のような特徴的な絵がクローズアップされますよね。

荒俣 我々も1970年代に知ったとき、ヒマワリの絵だけはわかって、「ロジャー・ベーコンが書いたんだとしたら、コロンブス以前に新大陸からこの植物を持ってきた謎の魔術師がいたに違いない」という説が出たくらいでした。今ではどうなっているんでしょう。

安形（麻）　現実のヒマワリのどの品種なのかは、まだ特定できていません。

荒俣　難しいね。絵の手本になったのはラフスケッチか押し花だろうから、自然のままの形態を比較的リアルに残せた部分は、やはり根っこです。

そもそもハーブとは薬草であると同時に毒薬で、何を飲ませたら人が死ぬかの研究に一番需要がありました。古代のポントス王ミトリダテス6世は、あまりに毒殺が横行するから毒薬の図鑑を作って、それが薬草図譜の源にもなりました。ミトリダテスはそれを見ながら毎日少しずつ毒を舐めて耐性をつけ、どんな毒でも死なない王様になったといいます。だから、薬草についての本がむやみに多くの人の手に渡るとまずいという考えもありました。

そう考えると、伝説的な話ではありますが、ジョン・ディーの時代から言われていたように、ロジャー・ベーコンがヴォイニッチ写本の作者の可能性もあるのではないかと思います。薬学の知識があって暗号の研究もやっていたのは彼しかいないので。教皇のクレメンス4世だけは彼の仕事をよく理解してくれたけど、教皇が死んじゃったら牢屋に入れられてしまいました。
やばい話でいうと、毒薬の他にカトリックの教義を覆すような思想もあるかもしれません。

安形（輝）　十二宮図の絵なんて、見る人が見れば地動説の説明で、天動説の否定と取られかねない。

荒俣　カトリックは、人類滅亡までのあらゆる出来事は聖書に書いてある、未来のこともわかるという立場だったから、占星術って危険なんですよ。星の動きを見ると、あと何年後に日食があるとかが全部わかって、権威上非常に困るので。

安形（麻）　聖書に書いてないことまでわかってしまいますから。

荒俣　そう、だから占星術はほとんど禁止だったんです。実は一般ではやられていたけど、本に書くと間違いなく禁書になりましたでしょう。

ロジャー・ベーコン説再考

荒俣　それからもう一つ危なかったのは聖書の研究です。キリスト教の教義の源は聖書だから、どう遡っても紀元前1、2世紀くらいなんですよ。その一番のルーツはギリシアで、ユダヤもかなり絡んでいます。つまり、キリスト教学の源流をたどると異教徒の学になってしまう。人文学者が嫌われた最大の理由は、そこを研究しようとしていたからです。人文主義者というのはヒューマンな、人の道に外れないことをやる正しい人だと思われているけど、実際には全然違って、今で言う多言語活用者、マルチリンガルなんですよ。ギリシア語はぎりぎり許されましたが、アラビア語は敵も同然のイスラームとつながっているから処刑ものです。

ロジャー・ベーコンはそんな時代に、アラビア語ができなきゃ聖書の研究なんかできないと言ったから危険視されました。ベーコンの著作は、多分オリジナルは平文《ひらぶん》で書いたんだろうけど、人に見られるとまずいから色々な手を使ったと思うんですよね。生物学のセクションには裸の女の人が描かれていますが、あれはロジャー・ベーコンがやっていた生命発生の研究とも一致します。女性の妊娠のプロセスが描いてあるように見えますから。この辺の内容が一番危なかったんじゃないかという気もします。

安形（麻） 確かに描かれているのは女性だけで男性はいません。

荒俣 ヴォイニッチ写本の解読を依頼されたアタナシウス・キルヒャーは、エジプトの古い言語を最初に解読した人でしたしね。

古代エジプトの言葉は象形文字で、見た目で「これはハエだ」「これは犬だ」などと類推が効いたので、キルヒャーは、たとえばハエは日本だと五月蠅いと書いてうるさいと読むから、「うるさい」という意味じゃないかという要領で意味の一覧表を作りました。もっともほぼ誤訳だったらしいですが。しかし、正しい解読はできなかったけれども、象形文字という記号（コード）を寓意や暗号に活用する道は開けた。ヴォイニッチ写本が彼のもとに持ち込まれたということは、当時のこの写本の中身を推測する一助になると思います。

写本の絵を見ると、科学的な革新に対するキリスト教の抑圧になんとか対抗しようという雰囲気がありますよね。天球図は誰が見ても占星術を連想しますが、天文学はキリストや神が世界の運命を定めるという教義と矛盾したかもしれない。だから、それを守るために暗号あるいはロジャー・ベーコンの個人的な独自言語が使われた可能性がどうしてもゼロとは思えません。やはりロジャー・ベーコンが作者であるという発見当初の伝説には一考の余地があるのではないでしょうか。でないとジョン・ディーがこの本に手を出さないですよ。

ジョン・ディーもちゃんとした学者で、特にマニュスクリプトを4000点とか膨大な数持っていて、書誌学的には失われゆく巻子本を集めたことでも重要です。彼は恐らく、後に黄金の夜明け団なんかが「天使の言語」として使った、エノク語という人工言語をでっち上げました。だから、ヴォイニッチ写本の中身がわかれば、人工言語問題という根本的な人類史テーマにも歴史的にもっと面白い貢献ができるんじゃないかと思うんですよね。

安形（**輝**）　ゴードン・ラグがヴォイニッチ写本はデタラメだと言ったとき、ジョン・ディーと彼の弟子のエドワード・ケリーによる捏造説を唱えました。彼らはエノク語をでっち上げたことがあるので、ラグの研究がより説得力を持って世界を驚かせたきらいはあります。

荒俣　ジョン・ディーにエリザベス1世やルドルフ2世が関心を持った大きな理由に、彼は天使語がわかって新しい知識を教えてくれるんじゃないか、新大陸に出るヒントがあるんじゃないかという思惑がありました。それに加えて、エジプトのヒエログリフが諸言語の大元で一番重要な言語だと言い出した最初の一人であることも作用していると思います。

僕の勝手な推測ですが、ジョン・ディーのエジプト研究には水晶も大きな役割を担ったのではないかと考えています。いま新宿あたりの占い師がやっている水晶凝視、光の当て方で水晶に浮かんだ模様を解釈する占いを発明したのはジョン・ディーです。彼は、これは水晶の中にいる天使が言葉を発しているもので、でも水晶の中だから言葉が音ではなく光で表されるんだ、光の移り変わりで天使と会話できるんだと言い始めた。こういう水晶のシンボリックな解釈とヒエログリフには通じるところがあります。

ルイス・フロイスは日本の文字を見て「これは暗号だ、日本人は暗号を使っているのか」と驚きました。文字の形を見るだけで、「山」は山を表すとわかってしまうからです。表音文字をずっと使ってきたヨーロッパ人にとって、象形文字とは暗号のように見えたのです。フランスの外交官のヴィジュネルが考えた換字式暗号みたいなものを、そうとは知らずに使っていたのが日本人じゃないかな。
そういう暗号の時代に作られたヴォイニッチ写本には、この1冊のために作った一人言語の可能性を疑ってしまうんですよね。

安形（輝） これだけのものを統一性を持って作るとしたらすごい労力です。

荒俣 自分で言語を作るとしたら、どう考えても軽く数十年かかりますよね。コンピュータもないわけだから。

安形（麻） 200ページもある本を書く前に、試しに小さな本をいろいろ作っていたと思いたいですね。

荒俣　辞書みたいな、コードブックみたいなやつをね。自分でわからなくならないように。

安形（輝）　既存の言語を単語だけ入れ換えたというよりは、文法レベルで違う言語体系でしょうね。おそらくヨーロッパの言語のような母音と子音の組み合わせで冗長性は高そうです。

荒俣　（挿絵を見て）しかし、この絵なんてまさに錬金術のシンボルで怪しいんですよ。もしかしたら精子と卵子かもしれない。あの頃じゃそういう概念もないから、発想が難しかったかもしれないけど。

安形（輝）　この当時は顕微鏡がありませんから。

荒俣　もし15世紀くらいの本だとすると、可能性はゼロではありません。ロジャー・ベーコンはスペクトルまではわかっていて、拡大と縮小の話ははっきり書いていた。光こそが真実の一番の源で、光をうまく活用すれば見えなかったものも見え、遠くのものも見え、肉眼で見えなかったものも見える。しかし、実際に見るためには科学をやるしかない。それで、当時眼鏡があったアラビアに興味を持ったのがベーコンです。あの時代、光学的な装置への関心が一番あったのがベーコンです。他にそんなことができる人、考えられないんですよ。少なくとも記録に残っている限りでは。

安形（輝） 記録に残っていない無名の人物がやった可能性もゼロではありませんが、蓋然性を考えると非常に低いですよね。

最新研究の動向

荒俣 数年前に開かれた国際学会ではどのような研究があったんですか？

安形（麻） 本の周辺にまつわる話が多くて、例えばルドルフ2世が買ったという言い伝えが本当なのか、ルドルフ2世の宮廷の記録を確かめる研究がありました。

荒俣　どうなの、結果は。

安形（麻）　一応それらしきものが含まれている、という記録が見つかりました。「5冊の本をまとめて買った」と記録されている本の中にヴォイニッチ写本が入っているんじゃないかと。

荒俣　当時はヴォイニッチ写本という名前はついていないから、タイトルではわかりませんね。

安形（麻）　あとは、キルヒャーの蔵書をあちこちに移した際に、ただ「マニュスクリプト」と書いてあるだけでタイトルがない本があって、それがヴォイニッチ写本じゃないかとか。

荒俣　ページ数くらいは書いてないのかな。

安形（麻）　何もないんです。まとめて5冊買っていくら払ったとか、それだけ。その金額も、これまで伝えられてきた金額とはまたちょっと違うんですけれども。記載のしようがないから確定的なことは言えず、とはいえ糸が切れたわけではなく、細い一筋がつながっているような形で、以前から言われている説が確認されました。

荒俣　じゃあ、可能性は否定されていないというところなんですね。でも、それ以上は調べようがない。しかし案外大雑把なんですね、昔の本の管理って。

安形（輝）　本の中身がわかっていないと特徴も書きづらいのが話を難しくしていますよね。ヴォイニッチ写本に関しては、最新研究というものが大体うさんくさいので、いつも眉に唾をつけながら動向を追いかけているような感じがあります。季節の変わり目ごとに誰かが「解読」したと言ってネットニュースに取り上げられますが、査読付きの論文として出てくるような信頼できるものは少なくて、がっつり追いかけていると疲れてしまいます。

安形（麻）　逆に言うと、最新の国際学会では解読したという人は一人もいなくて、文字の書き方のバリエーションや来歴の研究を真面目にきちんとやっていて、しかしその分、中身には迫れていない印象でした。

荒俣　そう、職業として学者をやっている人たちはそこがなかなか切ない問題で、言いたいことでも言うと馬鹿にされる。

安形（麻）　みんな本当は中身を読みたいんですけど、そこにはなかなかたどりつけません。

安形（輝）　われわれの論文も査読者から「ページ同士の近さと中身の近さの相関関係を調べたというけど、中身の近さはどうやって検証したのか」と言われたんですよ。

荒俣　解読されていないから検証できない。

安形（輝）　仕方ないから、ほぼ同じ時代の写本のテキストデータを買って、やはり近くのページだと内容も近く、遠くのページは内容も遠いことを検証しました。この当時の写本のデジタルデータはあまりなかったのですが、デジタル化の予算がつきやすい医学史の本を、内容も似ていそうだと考えて、使いました。

荒俣　なるほど。するとヴォイニッチもデータ化してくれた分だけありがたいわけですね。我々の頃はこんなはっきりと写本の中身が見られなくて、そういう意味でも非常に謎めいていていました。本当にあるのかと疑問すら抱いたくらいです。

安形（麻）　高橋健さんが白黒のマイクロフィルムの画像を取り寄せて、それをインターネットに上げてくださっていましたね。今では所蔵館からカラーの高精細画像が公開されていて助かります。

何年か前、慶應の先生がヴォイニッチ写本を所蔵するバイネッケ図書館の写本部長を夏休みに呼んで、写本と古書体学についてのワークショップをやってもらいました。そのとき私もお手伝いさせてもらうなかでヴォイニッチ写本についても話したんですが、やはりバイネッケで一番閲覧希望数が多い人気のアイテムのようです。だけど、やっぱり普通はなかなか見せないで、「画像を見てください」とお断りするとか。

荒俣　それこそ暗号術の一つ、透かし文字とかがありそうだから、一ページずつ光に当てたいですね。

安形（麻）　最初のページは赤外線や紫外線を当てたりされていますけど、確かに他のページでやったら何か新しいことがわかるかもしれません。

安形（輝）　慶應の図書館がおそらく国内で唯一、汚れや折れまで再現して一冊ずつ手で製本し、バイネッケ図書館の証明までつけたヴォイニッチ写本の精密なファクシミリ版を持っているんですが、それを見ると思った以上に小さいです。iPad くらいのサイズです。

荒俣　え？　そうですか、さすがは慶應、ちゃんとヴォイニッチも追いかけてますね。画像がちゃんとあるなら、写本の実寸もわかるわけですね。ぼくは大きな本だと勘違いしてましたが、こうやって実寸で見ると、かなり小型だ。昔の本としてはなかなか珍しいですね。絵を入れるならフォリオ版を使えと言いたくなりますが、隠しやすい、携行もしやすい大きさです。

安形（輝） あの小ささの字を書けたのもすごい訓練ですよ。

荒俣 相当、根を詰めないと書けないね。でもきっちり揃っているし、デザインもしっかりしている。単語単語で余白の量もうまく取ってあるし。デタラメじゃないだろうな。

安形（麻） ほんとにデタラメにやっていたら、絶対何かのパターンが出ちゃうと思うんですよ。でもそうではない。

荒俣 そうそう、デタラメならデタラメのパターンが出るような気がします。

ヴォイニッチ写本研究の未来

荒俣　いまヨーロッパに残っているマニュスクリプトのうち、データが公開されているのはどれくらいあるんでしょうか。

安形（麻）　比率はすごく少ないでしょうね。正確にはわからないですけど、元の数が多すぎるので割合的にはごくわずかだと思います。

荒俣　それがデジタルの弱いとこなんだよな。データになればいいんだけど、データになるまでが大変です。

安形（輝）　でも、もしかしたらヴォイニッチ写本に似たような本は存在するかもしれませんよね、誰も気づいていないだけで。

安形（麻） それか、もう用済みだとパリンプセストで使われている（文字を消して上書きされている）かも。

荒俣 パリンプセストは復元できるの？

安形（麻） 今ではいろんな技術や撮影の仕方があります。

荒俣 だったら可能性はありますね。他にも1、2冊はあったような予感がしますから。

安形（麻） まだ未整理のコレクションはそれなりにありますから、そこからある日、出てきたりして。

安形（輝） 興味がない人にとってはただのゴミにしか見えないですけど……。

荒俣 おっしゃる通りです。今はそういうのを捨てられるのを防ぐ方法にネットオークシヨンがあります。おじいちゃんが残した屋根裏のガラクタを古本屋が見つけて、ネットオークションに出したら大変貴重なものだったとか、そんな可能性があるから、僕は未だに毎日、夜の12時から3時まではアメリカと日本のオークションを見ないと気が済まないんですよ。

安形（輝）　一回見逃したらおしまいですもんね。

荒俣　まだ新しい手がかりが出てくる可能性はあると思うんですけどね。先ほど、図書館で一番引き合いが多いのがヴォイニッチ写本だと聞いて、なんだか勇気をもらえました。鍵となる資料を見かけた人が、「これと似たようなもの、見たことある」と気づいてくれるのではないかと思います。

安形（麻）　授業でヴォイニッチ写本について紹介すると、必ず1人や2人は知っている学生がいます。ライトノベルやアニメなどに登場するからでしょうね。
最近ではバイネッケ図書館自体が情報発信に積極的で、オンラインセミナーを開いたり、ヴォイニッチ写本をテーマにした音楽を作曲してもらったりしています。

――（検索して）**10万回再生されている曲もありますね。**

荒俣　なんかちょっと、その気にさせるような音楽だよね。そのうちアメリカあたりの誰かベストセラー作家が、書くかもしれない、『ダ・ヴィンチ・コード』ならぬ『ヴォイニッチ・コード』みたいな小説を。でも、ここまで注目されているなら、こんどのお二人の研究報告が出版されるのも、ちょうどいいタイミングかもしれませんね。

（2024年8月13日、星海社会議室にて）

星海社新書 323

ヴォイニッチ写本《しゃほん》 世界一有名《せかいいちゆうめい》な未解読文献《みかいどくぶんけん》にデータサイエンスが挑《いど》む

二〇二四年一二月一六日 第一刷発行
二〇二五年 二 月一八日 第二刷発行

著者 安形《あがた》麻理《まり》・安形《あがた》輝《てる》

発行者 太田克史《おおたかつし》
編集担当 片倉直弥《かたくらなおや》

発行所 株式会社星海社
〒一一二-〇〇一三
東京都文京区音羽一-一七-一四 音羽YKビル四階
電話 〇三-六九〇二-一七三〇
FAX 〇三-六九〇二-一七三一
https://www.seikaisha.co.jp

発売元 株式会社講談社
〒一一二-八〇〇一
東京都文京区音羽二-一二-二一
（販売）〇三-五三九五-五八一七
（業務）〇三-五三九五-三六一五

印刷所 TOPPAN株式会社
製本所 株式会社国宝社

アートディレクター 吉岡秀典《よしおかひでのり》（セプテンバーカウボーイ）
デザイナー 榎本美香《えのもとみか》
フォントディレクター 紺野慎一《こんのしんいち》
校閲 鷗来堂《おうらいどう》

ISBN978-4-06-538315-5
Printed in Japan

323
SEIKAISHA SHINSHO

次世代による次世代のための

武器としての教養
星海社新書

星海社新書は、困難な時代にあっても前向きに自分の人生を切り開いていこうとする次世代の人間に向けて、ここに創刊いたします。本の力を思いきり信じて、**みなさんと一緒に新しい時代の新しい価値観を創っていきたい。若い力で、世界を変えていきたいのです。**

本には、その力があります。読者であるあなたが、そこから何かを読み取り、それを自らの血肉にすることができれば、一冊の本の存在によって、あなたの人生は一瞬にして変わってしまうでしょう。**思考が変われば行動が変わり、行動が変われば生き方が変わります。**著者をはじめ、本作りに関わる多くの人の想いがそのまま形となった、文化的遺伝子としての本には、大げさではなく、それだけの力が宿っていると思うのです。

沈下していく地盤の上で、他のみんなと一緒に身動きが取れないまま、大きな穴へと落ちていくのか？　それとも、重力に逆らって立ち上がり、前を向いて最前線で戦っていくことを選ぶのか？

星海社新書の目的は、**戦うことを選んだ次世代の仲間たちに「武器としての教養」をくばることです。**知的好奇心を満たすだけでなく、自らの力で未来を切り開いていくための〝武器〟としても使える知のかたちを、シリーズとしてまとめていきたいと思います。

2011年9月

星海社新書初代編集長　柿内芳文

SEIKAISHA
SHINSHO